3	シリーズ マーケティング・エンジニアリング
	朝野煕彦・小川孔輔・木島正明・守口 剛……[監修]

消費者行動のモデル

小川孔輔 [監修]
木戸　茂 [著]

朝倉書店

はじめに

本書の命題： 消費者行動研究の目的は予測である

　消費者行動モデルの研究の目的は消費者の行動の予測である．本書は基本的にマーケティング工学的アプローチによる消費者行動の予測に関するシミュレーション・モデルの概論である．

　マーケティング意思決定を行うためには，消費者の心理や行動を適切に理解することが不可欠である．本書では，製品・サービスの選択，広告媒体への接触，ブランド選好といったマーケティング意思決定に関係するさまざまな側面における消費者の心理と行動を理解し，予測するためのシミュレーション・モデルとその適用事例について解説する．本書は消費者行動論に関する網羅的な解説書ではない．特に，個々の消費者行動論に関する基礎知識や知見，理論の系譜に関しては最近の優れた入門書（小川，2009），解説書（小川，1992；青木，2010；Peter & Olson，2010；田中，2008）を参考にしていただきたい．

本書の想定読者： 実務家

　本書は読者として，企業の事業企画部門，営業部門，流通部門，マーケティング部門，研究開発部門に所属する実務家を想定している．本書は消費者行動モデルに関心のある実務家向けの入門的解説書である．同時に，一般的な認知モデル，広告効果モデル，新製品普及モデルなどを包含した「マーケティング意思決定支援システム」構築のための参考書でもある．マーケティングの現場の担当者が知りたい消費者行動論の基本モデルを中心に，日常の「戦術的意思決定」に役に立つ「ミクロ・モデル」と，中長期的な「戦略的意思決定」の科学的根拠となる「マクロ・モデル」について，実行可能なシミュレーション・システムによるモデルの解説と事例紹介に重点を置いている．

本書の構成： 理論モデルと応用事例

　本書は，基本的に実務家の関心の高いと思われる消費者行動モデルに対応した因果仮説の検証と，その理論やモデルを応用した事例を紹介する以下の各章で構成されている．

- 消費者の購買行動に関する「静的理論モデル」の構造方程式モデルによる実証結果を紹介する章．
- 消費者の新製品の受容（普及）過程に関する関数型モデルのパラメータ推定と「実際に予測するモデル」の事例，およびその予測結果を紹介する章．
- 消費者の行動と心理に関するシステム・ダイナミックス・モデルによる「動的モデル化」の事例とその予測結果を紹介する章．
- 消費者の行動と心理に関するマルチ・エージェント・システムによる「ネットワーク型シミュレーション・モデル」の事例を紹介する章．
- 消費者の「選好」に関する心理空間モデルによる企業イメージ分析の事例と「ポジショニング・シミュレーション」の事例を紹介する章．
- 消費者の買物行動に関する小売吸引力モデルによる消費者の「店舗選択シミュレーション」の事例とその予測結果を紹介する章．

本書の特徴： フリー・ソフトによる消費者行動の予測の「体験」

　本書の最大の特徴は，各章のメイン・テーマに対応した「目の前のPC上で動く消費者行動モデル」のシミュレーション，すなわちWhat-If型の消費者行動の予測の「体験」である．読者のPC環境に後述のフリーのシステム開発ツール（Scilab, Rなど）を用意すれば，実行可能なシミュレーション・システムの一部を体験学習することが可能である．

　上記の各章の消費者行動モデルの解説，シミュレーションに使用したシステム開発ツールは以下のソフトウェアを主に利用している．

- 構造方程式によるモデル化：SPSS-Amos
- 数学関数型システムによるモデル化：Scilab, R
- システム・ダイナミックスによるモデル化：Vensim, Stella
- マルチ・エージェント・システムによるモデル化：Netlogo, artisoc

はじめに

本書のソース・プログラムとデータの使用上の注意事項

　本書の各章で紹介したモデルのソース・プログラムは，筆者のPC（Mac OS X, Windows/7）上で開発したコードであるので，読者側のPCでの各モデルの完全作動を保証するものではないことをご了解いただきたい．また，各開発用システム（言語）や，ソフトウェア・ツールの技術的なの問い合わせには基本的にお答えできない．読者が各モデルのソース・コードの修正（改良）などを行った場合は，筆者宛にフィードバック情報をお送りいただければ幸いである．なお，事例データとソース・プログラムは研究用で，未検出の誤謬（バグなど）を含んでおり，「完全に無保証」であることをご了解いただきたい．ただし，著作権などは基本的に筆者に帰属する．また，このデータまたはプログラムの使用によって何らかの損失が生じたとしても責任を負うことはできないことをご了解いただきたい．

　本書に関するお問い合わせはご氏名と所属機関名を明記して筆者宛にeメール（kido.shigeru@nifty.com）をいただきたい．すべてのメールに回答することはできないことをご了解いただきたい．ただし，可能な範囲で回答するつもりである．

　2014年6月

木戸　茂

フリー・ソフトとプログラムのダウンロード

　本書で使用しているシステム開発ツールの内，Scilab, R, Vensim, Netlogoはパブリック・ドメインのフリー・ソフトである．商用ソフトのSPSS（AMOS），Stellaやartisocに関しては，トライアル・バージョンやランタイム・バージョンが利用できる．本書巻末の〈附録〉に各ソフトのホームページ（web-site）のURLを掲載している．各ソフトの配布団体や企業へのユーザー，メンバー登録の上，ソフトの導入（インストール）を是非していただきたい．

　本書の各章で紹介したモデルのソース・プログラムやデータの一部は，朝倉書店のホームページの下記ダウンロード・ページから入手可能である．
（http://www.asakura.co.jp/download.html）

　ソース・プログラムの利用による予測体験のためには，Scilabの導入は必須である．附録3のScilab導入手順等を参考にしていただきたい．（2014年5月末現在の最新バージョンは5.5.0である）

目 次

1. 消費者行動モデル
   1.1 消費者行動研究の目的 …………………………………………………… 1
   1.2 消費者行動研究への科学的アプローチ ………………………………… 2
       1.2.1 シミュレーション・モデルによるアプローチ ………………… 2
   1.3 消費者行動モデル研究における「関与」概念の課題 ………………… 3
   1.4 計量的な消費者行動モデルの研究の系譜 ……………………………… 4
   1.5 消費者行動モデルの一般理論 …………………………………………… 4
       1.5.1 Howard-Sheth モデル …………………………………………… 4
       1.5.2 New Howard モデル ……………………………………………… 5
   1.6 事例研究（1）New Howard モデルの実証モデル化 …………………… 6
       1.6.1 データ・セット …………………………………………………… 6
       1.6.2 分析結果の要約とモデルの評価 ………………………………… 7
   1.7 事例研究（2）ブランド選択行動の長期予測 ………………………… 12
       1.7.1 ブランド・スイッチ・モデルとマルコフ過程 ……………… 12
       1.7.2 マルコフ・モデルの基本仮説 ………………………………… 12
       1.7.3 仮想事例のマルコフ・モデルによる分析 …………………… 13
   1.8 事例研究（3）マルコフ・プロセス・モデルの応用 ………………… 14
       1.8.1 ブランド選択モデルの比較 …………………………………… 14
       1.8.2 Scilab によるシミュレーション・モデルの実行事例 ……… 15

2. 広告コミュニケーション・モデル
   2.1 広告コミュニケーションの目的 ……………………………………… 21
   2.2 事例研究（1）クリエイティブ要因を組み込んだ因果モデル ……… 21

2.2.1　因果モデル図の読み方とその解説 ································ 21
　　2.2.2　クリエイティブの要素として『音の要素』の重要性 ············ 23
　2.3　事例研究（2）広告コミュニケーションに関する理論モデルの比較 ···· 24
　2.4　事例研究（3）TV → SAS モデル：テレビ広告を起点とする階層的行動モデル ·· 28
　　2.4.1　クレジット・カードの TV 広告キャンペーン事例の実証研究 ···· 29

3. 広告媒体接触行動モデル

　3.1　広告媒体接触行動の予測モデルの現状と課題 ························ 33
　　3.1.1　広告媒体接触行動モデルの現状 ································ 33
　　3.1.2　グローバル標準の予測モデル ·································· 33
　　3.1.3　正準展開モデル ·· 34
　3.2　広告媒体接触行動の予測モデルの計算アルゴリズム ················ 34
　　3.2.1　ベータ二項分布（BBD）モデルの定義式 ······················ 34
　　3.2.2　BBD モデルの最大の特徴と問題点 ···························· 36
　　3.2.3　平均重複接触率 $\overline{P_2}$ の回帰推定の方法 ····················· 36
　3.3　事例研究　テレビ広告の到達率と接触回数分布（R&F）を予測するモデル ·· 39
　　3.3.1　Scilab 版 BBD モデルの実行条件 ······························ 39
　　3.3.2　重複率 P2 の推定計算例 ······································ 39
　　3.3.3　BBD モデルによる R＆F 推定シミュレーション ·············· 39
　3.4　広告媒体接触行動予測システムの〈実行手順〉の紹介 ·············· 40

4. 製品・サービスの普及予測モデル

　4.1　製品・サービスの普及過程を予測するモデル ························ 45
　4.2　新製品の普及過程の予測モデルとしての Bass モデル ·············· 45
　4.3　基本 Bass モデル ·· 46
　　4.3.1　コミュニケーション・チャネルに関する 2 つの仮説 ············ 46
　4.4　Bass モデルのマーケティング・モデルとしての実用性 ············ 47
　4.5　事例研究（1）基本モデルのパラメータ推定方法 ···················· 48

  4.5.1 潜在的市場規模 m の推定方法 ·················· 48
  4.5.2 革新性 p と模倣性 q の推定方法 ················ 48
  4.5.3 成長予測シナリオによる推定方法 ················· 49
 4.6 基本 Bass モデルの計算システム ···················· 50
  4.6.1 普及過程の「類似事例」選択 ···················· 50
  4.6.2 パラメータ p と q の感度分析 ···················· 57
 4.7 事例研究（2）価格と広告に関する変数を組み入れた拡張モデル ··· 60
  4.7.1 一般化 Bass モデルへの拡張 ····················· 60
 4.8 非線型回帰による基本 Bass モデルのパラメータ推定 ········ 62
  4.8.1 非線型回帰推定の R プログラム事例 ················ 62
 4.9 事例研究（3）電気自動車等（EV・PHV）の普及予測 ······· 65
  4.9.1 Bass モデルによる予測 ·························· 65
  4.9.2 指数関数モデルによる予測 ······················ 67

5. 消費者行動のマクロ・モデル

 5.1 心理変数を組み込んだマクロ・モデルによる「政策実験」········ 70
  5.1.1 なぜシステム・ダイナミックスなのか ··············· 70
 5.2 「基本」の人口モデル ···························· 71
 5.3 人口予測モデル ································ 72
  5.3.1 時系列変化のデータ ·························· 72
 5.4 事例研究（1）心理変数を組み込んだ人口予測モデル ········ 73
  5.4.1 消費者の「心」のトレンド：日本人の「自信喪失」······· 73
  5.4.2 心理的要因を考慮した人口シミュレーション・モデル ····· 74
 5.5 「基本」のマクロ経済モデル ······················· 78
  5.5.1 GDP と人口の関係 ··························· 78
 5.6 GDP の規定要因に関するパス解析 ··················· 79
  5.6.1 GDP は女性の就労環境の変化に規定される ·········· 79
 5.7 事例研究（2）心理変数を組み込んだ GDP 予測モデル ······· 80
  5.7.1 マクロ経済モデルによる GDP のシミュレーション ······ 80
  5.7.2 マクロ経済モデルのシミュレーション結果 ············ 80

5.7.3　心理的要因を考慮したマクロ経済シミュレーション・モデル……81
　　　5.7.4　モデルのトレンド・データの妥当性についての検討…………86
　5.8　マクロ・モデルによる「政策実験」から得られた知見……………87
　　　5.8.1　国民の経済力に対する自信が実質 GDP を押し上げる…………87

6. 消費者の商品選択行動モデル

　6.1　一般効用理論による消費者行動のモデリング……………………88
　　　6.1.1　消費者行動とプロスペクト理論………………………………88
　　　6.1.2　価値関数 $v(x)$ の非対称性………………………………………89
　6.2　商品選択行動とコンジョイント分析モデル…………………………89
　　　6.2.1　新製品の市場性テスト……………………………………………89
　6.3　事例研究（1）：歯磨の新製品コンセプトの市場性評価……………90
　　　6.3.1　分析の概要…………………………………………………………90
　　　6.3.2　歯磨に関するコンジョイント分析の結果（1）…………………92
　　　6.3.3　コンジョイント分析結果の解釈と判断…………………………93
　6.4　コンジョイント分析の「効用」と「限界」…………………………93
　6.5　プロスペクト理論の観測例……………………………………………94
　　　6.5.1　価格の効用値の非対称性…………………………………………94
　6.6　ブランド選択モデルによるマーケット・シェアの予測の方法……94
　　　6.6.1　個人単位の効用値の推定…………………………………………95
　　　6.6.2　個人単位の総効用値の選好・選択行動確率への変換…………95
　6.7　事例研究（2）ノート PC の新製品のマーケット・シェア予測……96
　　　6.7.1　調査の実施概要〈仮想事例〉……………………………………97
　　　6.7.2　設定した要因と水準別の部分効用値の推定結果………………97
　　　6.7.3　新製品のシェア予測の方法………………………………………99
　　　6.7.4　新ブランドの市場競争力の「事前評価」………………………104

7. 消費者行動のシミュレーション・モデル

　7.1　広告効果を組み入れた消費者行動のシミュレーション・モデル……106
　　　7.1.1　「広告効果」の変化と普及状況のシミュレーション……………109

7.2 事例研究（1）広告効果と口コミ効果を組み込んだモデル 109
  7.2.1 広告効果の「操作変数」化によるシミュレーション 109
7.3 事例研究（2）広告接触行動のシミュレーション・モデル 111
  7.3.1 Strong の回帰モデル 112
  7.3.2 広告接触行動のシミュレーション・モデル化 113
  7.3.3 広告接触行動のシミュレーション・モデルの実行例 114

8. ネットワーク型消費者行動モデル

8.1 口コミの伝播プロセス・モデル 116
8.2 事例研究（1）：ネットワーク型感染・伝播行動モデル 116
  8.2.1 感染モデルの口コミ・モデルへの修正 116
  8.2.2 感染モデルのシミュレーションの結果と考察 117
  8.2.3 口コミ・モデルによる仮説の発見 120
  8.2.4 モデルの拡張とチューニング 120
8.3 事例研究（2）媒体接触行動の再現モデル 120
  8.3.1 媒体接触行動モデルの理論的根拠と仮定 120
  8.3.2 マルチ・エージェント型広告接触行動のシミュレーション 122
8.4 事例研究（3）ネットワーク型の構造を持った広告伝播モデル 122
  8.4.1 エージェント・モデルの構造と情報処理ルール 123
  8.4.2 受信経路別情報発信確率の測定 126
  8.4.3 広告接触回数と広告想起の関係のモデル化 127
  8.4.4 シミュレーション結果：実測値の傾向を再現する結果 129
  8.4.5 課題はモデルの一般化 130

9. 消費者の心理空間モデル

9.1 知覚空間の分析モデル 131
9.2 消費者の知覚空間を知るための解析手法 132
  9.2.1 解析手法の適用ノウハウ 132
9.3 事例研究（1）企業イメージに関する課題解決 133
  9.3.1 企業イメージ形成モデル 133

9.3.2　コンタクト・ポイントの測定と管理 …………………………………… 134
　　9.3.3　ポジショニングを規定するコンタクト・ポイントとイメージ …… 134
　　9.3.4　コーポレート・ブランディングの課題 ………………………………… 134
　　9.3.5　理想ベクトル・モデルによる仮想事例の分析 ……………………… 136
　9.4　事例研究（2）トップ企業のイメージ改善のシミュレーション ……… 138
　　9.4.1　クリエイティブ管理のためのシミュレーション・システム …… 138
　　9.4.2　多次元尺度法による現状分析の実行例 ……………………………… 140
　　9.4.3　What-if シミュレーション ……………………………………………… 142

10. 消費者の買物行動モデル

　10.1　買物行動モデルとしての Huff Model ……………………………………… 149
　　10.1.1　理論モデルと現実のギャップ ………………………………………… 149
　10.2　Huff Model の定義式 …………………………………………………………… 150
　　10.2.1　修正 Huff Model の定義式 ……………………………………………… 150
　10.3　事例研究（1）魅力度–抵抗度型小売吸引力モデル …………………… 150
　　10.3.1　修正 Huff Model の計算例 ……………………………………………… 150
　10.4　事例研究（2）仮想の出店シミュレーション …………………………… 152
　　10.4.1　入力データと計算結果 ………………………………………………… 153
　　10.4.2　出店計画 3 ケースのシミュレーション結果の比較 ……………… 159
　　10.4.3　期待吸引人口数の多い地点トップ 20 の計算 ……………………… 160
　　10.4.4　売場面積の適正水準 …………………………………………………… 161
　10.5　今後の Huff Model 研究の課題 ……………………………………………… 165

附録 1：参考資料 …………………………………………………………………………… 166
附録 2：コンジョイント分析を想定した調査計画の実際 ………………………… 168
附録 3：Scilab の導入手順と基本操作 ………………………………………………… 175

引用・参考文献 …………………………………………………………………………… 176
あ と が き …………………………………………………………………………………… 181
索　　　引 …………………………………………………………………………………… 183

1. 消費者行動モデル

> 本章では消費者行動研究の目的は消費者行動の予測であるとの観点から研究の系譜,「関与」概念について概要を解説する.消費者行動の実証モデルによるアプローチの事例研究として,New Howard モデルとマルコフ・プロセス・モデルについて詳しく解説する.

1.1 消費者行動研究の目的

　消費者を対象としたマーケティングにおける戦略設計の基本目標は,消費者の好感の獲得と購買の機会を増大させることにある.セールスとマインドのシェアの獲得と言い換えることができる.

　消費者行動モデル研究の目的の1つは,この消費者の心理と行動を理解し予測するための分析的枠組みの提供である.

　Peter & Olson (2010) は消費者行動研究のアプローチを3つのタイプに分類している(表1.1).1つ目の「解釈的アプローチ」の核となる学問領域は文化人類学である.消費とその意味を理解するための手法としては,長期的な行動観察や面接調査,フォーカス・グループ・インタビュー (FGI) などが用いられている.2つ目の「伝統的アプローチ」は,心理学や社会学の知見をベースにした消費者の意思決定と行動の説明に重点をおいたアプローチである.手法としては,実験調査や一般的な市場調査などが用いられている.3つ目の「科学的アプローチ」は,経済学や統計学の知見をベースにした消費者の選択と行動の予測に重点をおいたアプローチである.手法としては,数学や物理学の知見に基づくシミュレーション技法を用いたモデル構築が特徴である.

1. 消費者行動モデル

表 1.1 消費者行動研究のアプローチのタイプ分類

アプローチのタイプ分類	核となる学問領域	達成目標	分析手法
解釈的アプローチ	文化人類学	消費とその意味の理解	長期的観察・面接調査・FGI
伝統的アプローチ	心理学・社会学	消費者の意思決定と行動の説明	実験・市場調査
科学的アプローチ	経済学・統計学（マーケティング・サイエンス）	消費者の選択と行動の予測	数学モデル構築・シミュレーション

(Peter & Olson, 2010)

1.2 消費者行動研究への科学的アプローチ

消費者行動の意味を「科学的」に理解するためには，観察された行動を起点とする情報処理プロセスを媒介とした消費者行動の理解と，消費者の行動原理・法則とその行動の背景や環境に対する理解が不可欠である．地表の蟻の行動が複雑にみえるのは行動原理が複雑なのではなく，その行動環境が複雑なためである．

本書ではマーケティング・サイエンス的アプローチによる消費者の選択と行動の予測を目標としている．できるだけ単純なモデルを構築して，コンピュータ・シミュレーションによる再現性を担保とした「実験」を可能にすることが最終的な成果目標である．

1.2.1 シミュレーション・モデルによるアプローチ

コンピュータ・シミュレーションを前提としたモデルのタイプは，反応関数型の数学モデル，フィードバック・システム型の System Dynamics (SD) モデル，人工社会型の Multi-Agent-Based モデルである．

数学モデルとして代表的なモデルは，反応関数モデル・分布関数モデルである．本書では広告コミュニケーション・モデル（第2章），広告媒体接触行動モデル（第3章），製品・サービスの普及予測モデル（第4章），小売吸引力モデル（第10章）を記述するために主に「開発言語」Scilab[注1]を用いて開発した独自システムを事例研究に用いている．さらに，数学モデルとしては，最適化関数（線形計画 (LP)/目標計画 (GP)）モデルなどがある．

SDモデルの代表的なモデルの例として本書では，流行・感染（製品普及）モデル，人口変動（成長）モデル，マクロ経済（GDP）モデル，広告効果モデルなどを取り上げている．

Multi-Agent-Basedモデルの代表的なモデルの例として本書では，口コミ伝播（Word of Mouth）モデル，病原菌感染モデル，広告効果モデルなどを取り上げている．

1.3 消費者行動モデル研究における「関与」概念の課題

マーケティングの実務家を中心に，「消費者行動モデル論」は知識として興味深いが実務にはあまり役に立たないという批判がある．なぜ役に立たないのか？　それはマーケティングの実務に役に立つ「ツール」としての操作性が著しく欠如しているからではないかと考えられる．

消費者行動論の研究の中で特別な位置づけにある「関与」概念もその1つである（Celsi & Olson, 1988）．「関与」概念は消費者の行動の一般理論の妥当性を擁護しつつ，その「非合理性」を説明するときに非常に便利な概念である．関与概念の歴史でみると，社会心理学におけるコミュニケーション論の中で，態度変容の説明要因として「自我関与」（ego-involvement）という概念で取り上げられたのが起源である．

マス媒体の広告効果の比較研究の中では，Krugman（1965）の「低関与学習」（low-involvement learning）をベースとした広告露出の反復効果の研究がある．購買行動論の中ではHoward-Shethモデル（Howard & Sheth, 1969）の中で購買動機を規定する変数として取り上げられている．Petty & Cacioppo（1986）の「精緻化見込みモデル」（elaboration likelihood model）では，態度変容が生起する情報処理ルートの選択に影響する変数とされている．

商品やサービスのマーケティングを日常的に実践している多くの実務家として，この関与概念を自社の商品・サービスと関連づけてどのように扱えばいいのか？　業界レベル，カテゴリー・レベル，ブランド・レベル，顧客（ターゲット）レベルのどこに焦点を当てて関与を扱えばいいのか？　測定の問題も重要である．関与の定義と測定尺度，ワーディングの標準化が課題である（青木，1990）．

上記の背景から本書でも，明示的に関与を扱っていない．予測目的の消費者行

動モデルの中で関与概念をどのようにシステム的に「実装」するかが，役に立つ消費者行動モデル研究の今後の課題でもある．

1.4 計量的な消費者行動モデルの研究の系譜

計量的な消費者行動モデルについて，以下のマーケティングの 4P プラス 1P の 5P を軸に各モデルの典型的な領域（ディシプリン）を整理する．

Product については，「商品選択モデル」に代表される商品に対する欲求・事前評価・受容・購買・事後評価・継続選択の各過程を対象としたモデルがある．

Place については，第 10 章で取り上げる「小売吸引力モデル」に代表される店舗に対する事前評価・利用意向・利用経験など各過程を対象としたモデルがある．特に，店舗内での買い物行動を対象とした，行動観察データに基づく店頭行動に注目したエージェント・ベースのシミュレーション・モデルもある．

Price については，需要と供給によって規定（決定）される経済学的「価格」ではなく，「参照価格モデル」に代表される価格情報への心理的な反応（関数）を研究対象としたモデルがある．

Promotion については，「広告効果モデル」に代表されるブランドや企業の広告の認知から，購買意向，利用経験，ロイヤリティの形成に至る各過程を対象としたモデルがある．

4P プラス 1 の 5 番目の P は，People である．

1.5 消費者行動モデルの一般理論

1.5.1 Howard-Sheth モデル

モデルのテーマは消費者（People）の「購買行動」である．上記の 4P プラス 1 の 5 番目の P の領域を包括した「統合的な」モデルが想定される．Howard & Sheth (1969) の提示したモデルが学術的には最も引用されるモデルである（図 1.1）．このモデルは実証研究としても，非常に多くの研究が発表されている．Howard-Sheth モデルに代表される消費者の意思決定モデルは刺激-反応型モデルに分類される．図 1.1 は筆者がパス図風に修正したものである．

1.5 消費者行動モデルの一般理論

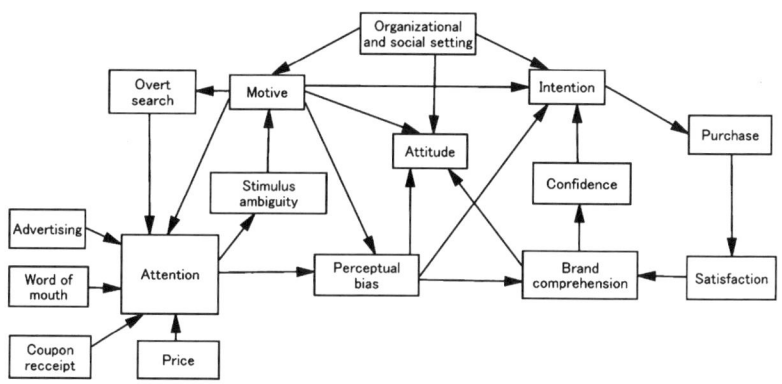

図 1.1 Howard-Sheth モデル

Howard-Sheth モデルとほぼ同時期の包括モデルとしては，Nicosia (1966)，Farley *et al.* (1970) や Engel *et al.* (1978) のモデルが提案されている．

しかし，刺激-反応型モデルで仮定された意思決定プロセス通りに消費者は意思決定していないという批判から，消費者を情報処理系とみなす，Bettman (1979) のモデルをベースとした消費者情報処理プロセスからの研究アプローチもある．

1.5.2 New Howard モデル

図 1.2 の New Howard モデルは後に消費者情報処理プロセスを考慮して，Howard (1994) 自身により実証的購買意思決定モデル (CDM: Consumer Decision Model) として提案されたものである．

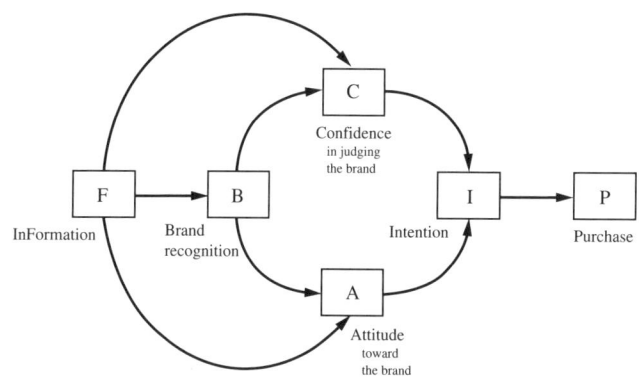

図 1.2 New Howard モデル：消費者意思決定モデル (Howard, 1994 より改変)

1.6　事例研究（1）New Howard モデルの実証モデル化

図 1.3 は New Howard モデルに筆者が「購入経験」（図中 E）を追加して，修正した「修正 New Howard モデル」である．

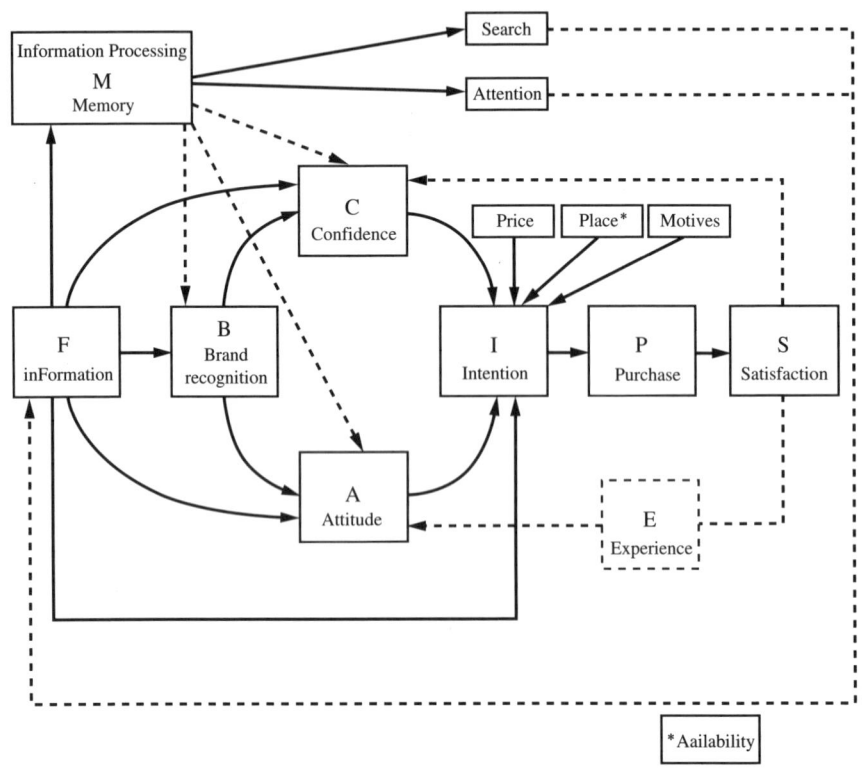

図 1.3　修正 New Howard モデル

1.6.1　データ・セット

パス解析用のデータ・セットは，ビデオリサーチ社提供の教育・学術研究用コマーシャルカルテ調査（1995 年 11 月度）データのブランド別集計済みデータ（対象ブランド数 N=103）である．なお，この調査の対象者は東京 30 km 圏在住の 13〜59 歳の男女 624 人である．表 1.2 は実証モデルとしての評価を行った変数の

表 1.2　修正 New Howard モデルの変数と測定変数との対応関係（定義）

ブランド_購入経験_全体ベース	Purchase	experience
ブランド_好感を持つ_全体ベース	Attitude	toward the brand
ブランド_性能・品質がよさそう_全体ベース	Facts	information
ブランド_信頼感のある_全体ベース	Confidence	in judging the brand
ブランド_購入・利用してみたい_全体ベース	Intention	to buy
ブランド_認知率	Brand	recognition

対応表である．

1.6.2　分析結果の要約とモデルの評価

　この修正 New Howard モデルについて，図 1.4 の因果モデルの妥当性を検証するため，共分散構造分析（パス解析）法を用いて実証モデルとしての評価を行った[注2]．因果モデル図の読み方については，2.2.1 項も参照されたい．

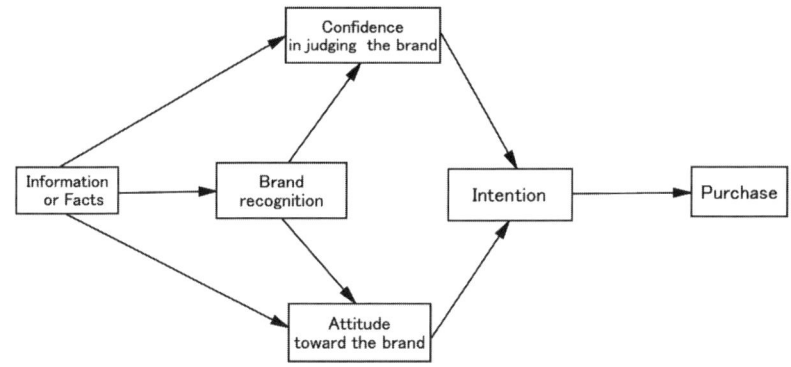

図 1.4　修正 New Howard モデルのパス解析用基本モデル図

　分析結果の評価は，測定変数間パスの有向線分の方向が少し異なるモデルの比較で行った．結果は表 1.3 でも明らかなように，各モデルの適合度など精度指標でみるとほとんど同水準で大きく異なるモデルはない．モデルの相対比較の指標である AIC の値からは，モデル#2（図 1.5b）がベストであるが，モデルの概念を反映したパス係数の符号条件でみると，[Intention]=>[Purchase] のパス係数がマイナスである．精度水準，符号条件をすべて満たすモデルはモデル#6（図 1.5f）とモデル#9（図 1.5i）である．僅差ではあるが New Howard モデルに

忠実である点を考慮するとモデル＃9が妥当であると判断できる．

しかしながら，分析精度は全般にかなり低いので，「修正 New Howard モデル」が実証できたとは断言できない．データ・セットの再検討を含め，今後に課題を残す結果である．分析精度の指標については章末の（注3）を参照．

表 1.3 修正 New Howard モデルの実証モデル間の比較（N=103）

モデル #	GFI	AGFI	CFI	RMR	AIC
1	0.718	0.155	0.700	36.107	212.728
2	0.915	0.554	0.955	7.393	64.660
3	0.873	0.555	0.919	8.912	83.878
4	0.859	0.578	0.914	10.381	85.864
5	0.869	0.608	0.917	8.785	84.368
6	0.863	0.588	0.933	5.984	74.958
7	0.836	0.570	0.918	7.727	82.492
8	0.838	0.574	0.890	28.752	99.390
9	0.876	0.565	0.935	6.503	74.467
10	0.900	0.581	0.946	6.683	69.048

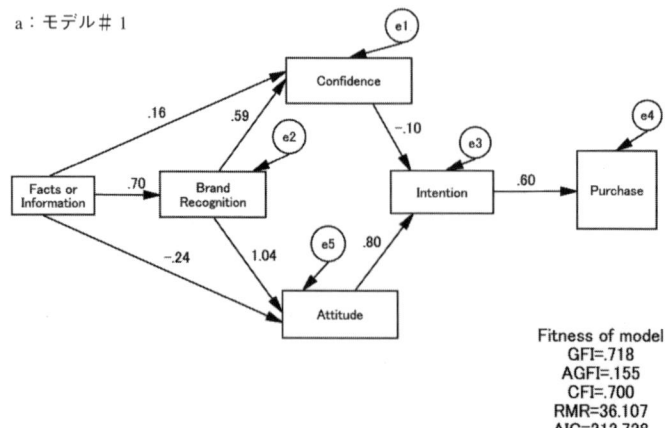

図 1.5 修正 New Howard モデル

1.6 事例研究（1）New Howard モデルの実証モデル化

b：モデル#2

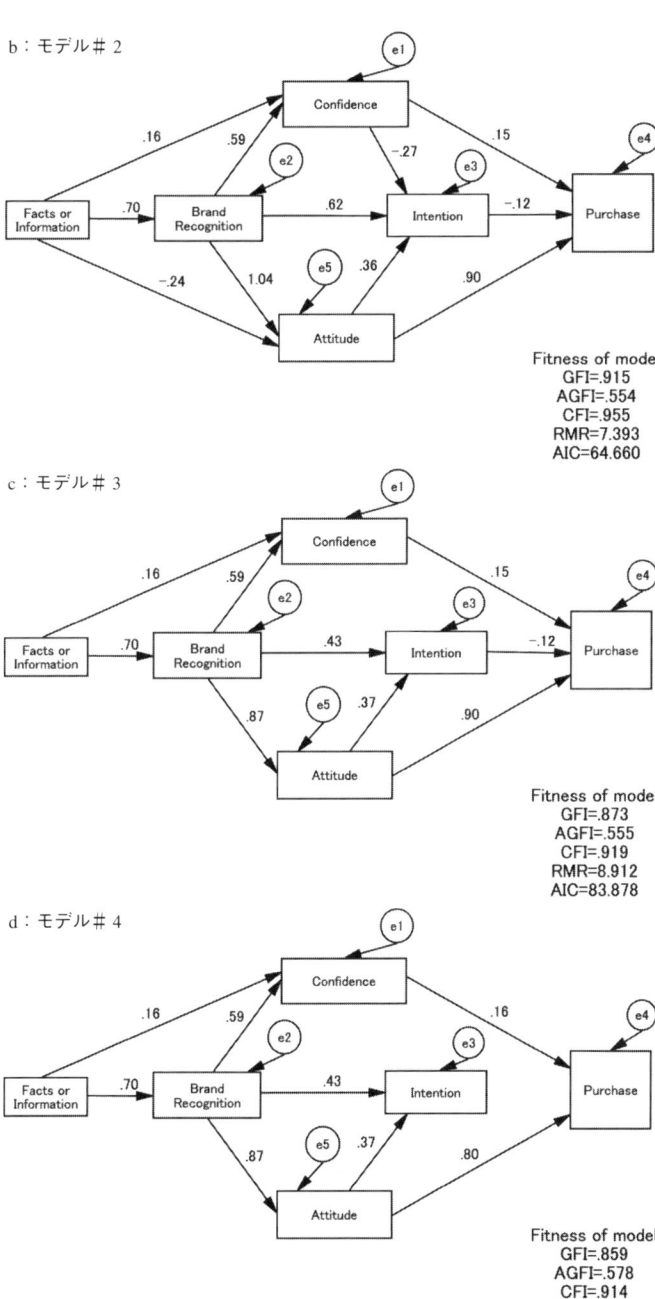

c：モデル#3

d：モデル#4

e：モデル#5

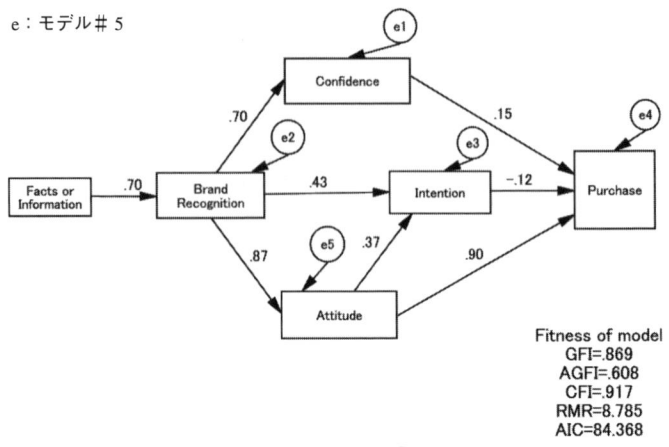

f：モデル#6

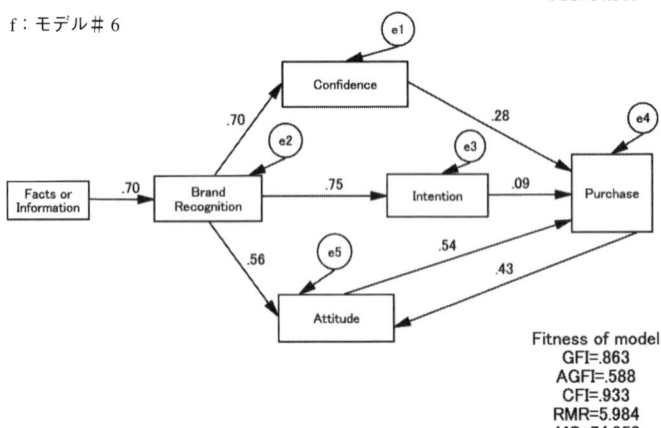

g：モデル#7

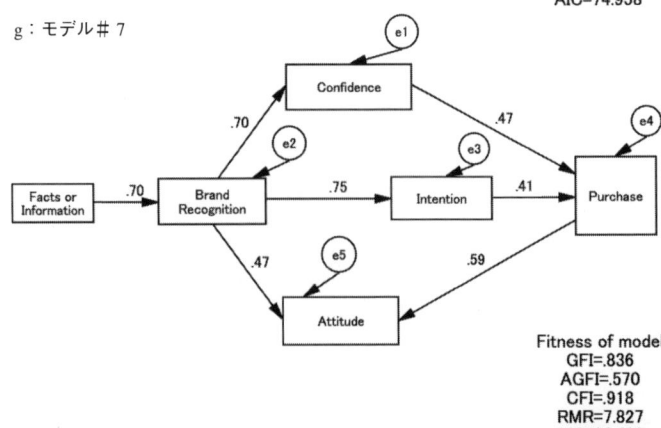

1.6 事例研究 (1) New Howard モデルの実証モデル化

h: モデル#8

i: モデル#9

j: モデル#10

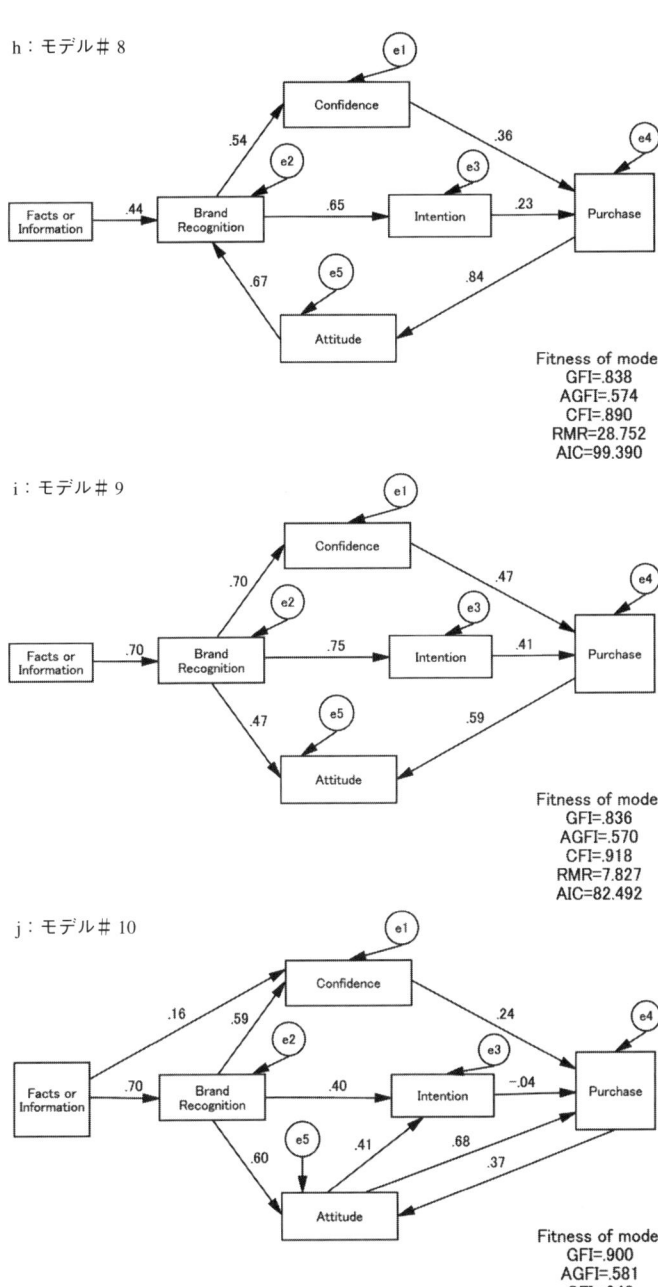

1.7 事例研究（2）ブランド選択行動の長期予測

1.7.1 ブランド・スイッチ・モデルとマルコフ過程

a. 仮想事例の背景

日用品メーカーのX社では，ブランドAの将来の広告計画に関する2つのアプローチについて社内の意見が分かれている．競合ブランドはBとCであるが，Aとの品質的な差はほとんどなく，銘柄選択に広告/プロモーションが大きく影響することがわかっている．ブランドAの将来のマーケット・シェアを大きく延ばすには，（甲）のアプローチか（乙）のアプローチかを決める必要がある．

b. 仮想事例の課題

2つのアプローチの効果を比較するため，該当商品の消費形態に地域差のあまりみられない2地区を選んで，それぞれの方法で3ヶ月間の広告活動を行った．広告活動の前と後に同一標本による調査を実施して，それぞれの方法の「長期的」な効果の差を分析する．ただし，競合他社も同時期に対抗的な広告活動を行っている．今後も同様の広告活動が展開されると考えられる．

c. 仮想事例の調査概要

① 標本数：（甲）アプローチ地区 1000 サンプル
　　　　　（乙）アプローチ地区 1000 サンプル
② 方法：　パネル調査法（第1回調査後3ヶ月後に第2回調査実施）

1.7.2 マルコフ・モデルの基本仮説

マルコフ・モデルの基本的な考え方では，各ブランドのシェアは長期間同じような広告活動が続いた場合，下記のような「推移確率」（行列）から得られる一種の極限の分布（定常状態）に近づくと考える．

ただし，マルコフ・モデルでは，AブランドからBへ推移する確率は，その前の状態（以前，Bブランドを使ったことがあるなど）とは無関係であるという非常に制約的な仮定（マルコフ性：Markov property）をおいている．当然，推移確率が途中で変化するとは考えない．

1.7.3 仮想事例のマルコフ・モデルによる分析

a. 仮想事例の調査結果

① 事前調査時点のシェア：

(甲) アプローチ地区

ブランドA	30%
ブランドB	25%
ブランドC	45%

(乙) アプローチ地区

ブランドA	35%
ブランドB	25%
ブランドC	40%

② 事前ブランド・スイッチ（銘柄推移）確率：

(甲) アプローチ地区

前＼後	A	B	C
A	0.70	0.03	0.27
B	0.20	0.64	0.16
C	0.26	0.10	0.64

(乙) アプローチ地区

前＼後	A	B	C
A	0.60	0.12	0.28
B	0.24	0.64	0.12
C	0.30	0.09	0.61

b. 分析方法：一般マルコフ・プロセス・モデル

c. 仮想事例の計算結果

先の調査結果から，(甲) アプローチ地区の場合，Aのまま変化しないサンプルが70%，AからBへは3%変化した，などがわかる．このような変化を長期的に続けた場合の平衡状態のシェア（x_A, x_B, x_C）は次の連立方程式を解いて得られる．同様に，(乙) アプローチ地区についても解を得ることができる．

(甲) アプローチ地区：

$$\begin{cases} 0.70 x_A + 0.20 x_B + 0.26 x_C = x_A \\ 0.03 x_A + 0.64 x_B + 0.10 x_C = x_B \\ x_A + x_B + x_C = 1 \end{cases} \quad 解 \quad \boxed{\begin{array}{l} x_A = 0.45 \\ x_B = 0.15 \\ x_C = 0.40 \end{array}}$$

(乙) アプローチ地区：

$$\begin{cases} 0.60 x_A + 0.24 x_B + 0.30 x_C = x_A \\ 0.12 x_A + 0.64 x_B + 0.09 x_C = x_B \\ x_A + x_B + x_C = 1 \end{cases} \quad 解 \quad \boxed{\begin{array}{l} x_A = 0.41 \\ x_B = 0.23 \\ x_C = 0.36 \end{array}}$$

d. 結果の評価

(甲) と (乙) アプローチを比較して，x_A の値（0.45）から長期的な効果は

(甲) のアプローチの方がやや高いことがわかる.

このマルコフ・プロセス・モデルの方法論上の特徴は，単純に3ヶ月後の調査結果についてのみ比較するのではなく，そのときのブランド推移の結果が長期的に継続すると仮定して分析を行っている点にある．このことによって，より妥当性のある長期的な予測結果の比較が可能となる．ただし，「ブランド推移の確率」が不変であるという仮定の妥当性については議論の余地が残されている．

1.8 事例研究 (3) マルコフ・プロセス・モデルの応用

将来の時点毎のシェアの変化のプロセスは，推移確率を初期時点のシェアに掛けて得られた次の時点のシェアに，同じ推移確率を掛けることを繰り返すことによって順次，計算することができる．

以下は1.7節の仮想事例のデータに対して，Scilabで記述したマルコフ・プロセス・モデルを用いて広告の長期的効果の予測結果を繰り返し計算法によるシミュレーションで再現（実行）した例である．

この事例では，初期確率として甲，乙地区のシェアに，甲，乙地区の推移確率を10回掛けている（chain length=10）．甲，乙地区の連立方程式による計算結果とシミュレーション・モデルによる10回目の値が一致している．定常状態への収束が10回程度の繰り返し計算で達成されることがわかる．

1.8.1 ブランド選択モデルの比較

ブランド選択行動の長期的予測モデルに関して，小川（1992）では「低関与」商品の代表であるソフト・ドリンクの分析事例から4タイプの選択モデルの比較を行っている．個別サンプルの選択記録データを対象にベルヌーイ・モデル，マルコフ・モデル，バラエティ・シーキング・モデル，ランダム・モデルを対数尤度（LL）とAIC（赤池情報量規準）による比較をした事例研究である．市場の安定度（混沌度）によってモデルの適合度が影響を受けることが「知見」として得られている．

1.8.2 Scilab によるシミュレーション・モデルの実行例

以下の手順は，Scilab のダウン・ロード・サイト（https://www.scilab.org/）から Scilab 5.4.1 を導入して実行していただきたい（巻末の附録 3 参照）．なお，以下の実行画面は Mac OS 版であるが，Windows 版も同様である．

① Scilab のアイコン をクリックして起動する．

② コンソール画面からプログラム・エディター起動して，Markov Process Model のプログラムを選んでエディター画面に表示する．
（実行ファイル名：Markov_Model_Ad_case_13.sce）

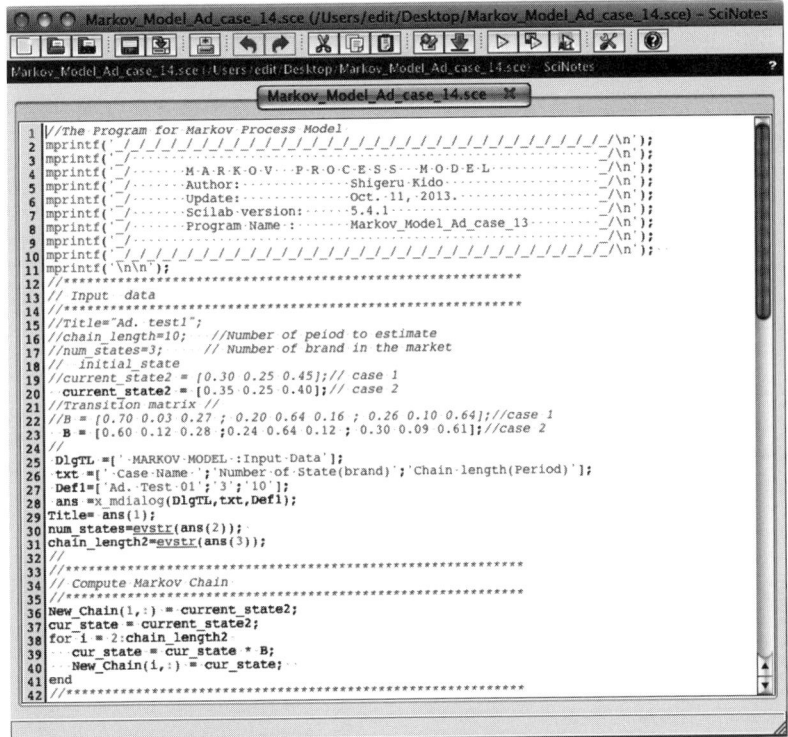

③ エディター画面上部のツールバー右側の実行ボタン の 2 番目の［保存して実行］をクリックする．

④ 計算システムの「入力要求」に従って，Case Name, Number of State, Chain length の「編集」を行う．

下記の画面はデフォルトで設定されているものである．

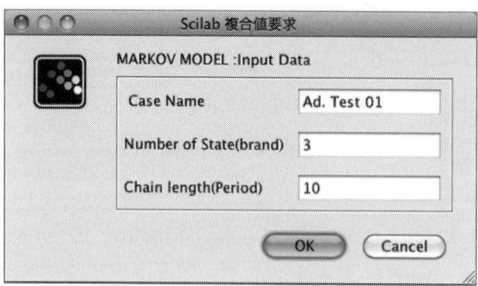

⑤ [OK] ボタンを押して計算を実行する．
⑥ 計算結果の＜コンソール出力画面＞である．必要な箇所をコピー＆ペーストして，テキストとして編集可能である．

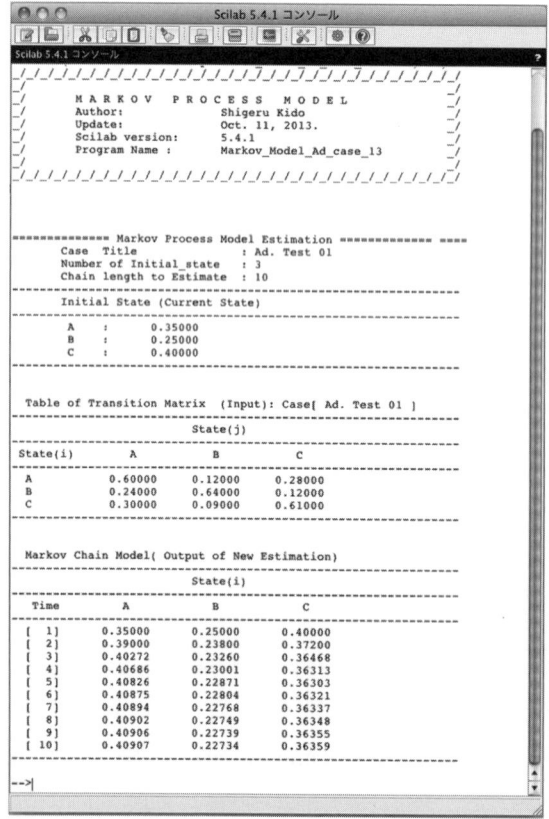

⑦ 計算結果の表示画面　　＜コンソール出力画面＞

```
============== Markov Process Model Estimation =================
        Case   Title            : Ad. Test 01
        Number of Initial_state : 3
        Chain length to Estimate : 10
-----------------------------------------------------------------
        Initial State (Current State)
-----------------------------------------------------------------

            A    :    0.30000
            B    :    0.25000
            C    :    0.45000
-----------------------------------------------------------------

  Table of Transition Matrix  (Input): Case[ Ad. Test 01 ]
-----------------------------------------------------------------
                          State(j)
-----------------------------------------------------------------
 State(i)       A             B             C
-----------------------------------------------------------------
     A       0.70000       0.03000       0.27000
     B       0.20000       0.64000       0.16000
     C       0.26000       0.10000       0.64000
-----------------------------------------------------------------


  Markov Chain Model( Output of New Estimation)
-----------------------------------------------------------------
                          State(i)
-----------------------------------------------------------------
    Time       A             B             C
-----------------------------------------------------------------
    [  1]   0.30000       0.25000       0.45000
    [  2]   0.37700       0.21400       0.40900
    [  3]   0.41304       0.18917       0.39779
    [  4]   0.43039       0.17324       0.39637
    [  5]   0.43898       0.16342       0.39760
    [  6]   0.44334       0.15752       0.39914
    [  7]   0.44562       0.15403       0.40035
    [  8]   0.44683       0.15198       0.40119
    [  9]   0.44749       0.15079       0.40172
    [ 10]   0.44785       0.15010       0.40205
```

```
Markov Chain Model( Output of New Estimation)
---------------------------------------------------------------
                        State(i)
---------------------------------------------------------------
   Time       A            B            C
---------------------------------------------------------------
   [  1]    0.35000      0.25000      0.40000
   [  2]    0.39000      0.23800      0.37200
   [  3]    0.40272      0.23260      0.36468
   [  4]    0.40686      0.23001      0.36313
   [  5]    0.40826      0.22871      0.36303
   [  6]    0.40875      0.22804      0.36321
   [  7]    0.40894      0.22768      0.36337
   [  8]    0.40902      0.22749      0.36348
   [  9]    0.40906      0.22739      0.36355
   [ 10]    0.40907      0.22734      0.36359
---------------------------------------------------------------
```

⑧ 入力データの編集

入力データの編集，修正，変更は，プログラム・エディタ画面から行う．

具体的には，下記の Initial State（初期確率）と Trasition Matrix（推移行列）の値を書き換えて実行する．行頭や行中にある2本のスラッシュ（//）はコメント行であることを示している．

この Markov Process Model のプログラムで case 2 を実行する場合は，下記のように case 1 の current_state2 の前に 2本スラッシュ// を入れ，case 2 の前の2本スラッシュを削除する．

```
//current_state2 = [0.30 0.25 0.45];// case 1
current_state2 = [0.35 0.25 0.40];// case 2
```

同様に，case 1 の B=[0.70 …] の前に 2本スラッシュ// を入れ，case 2 の行前の2本スラッシュを削除する．

この B は 3 行 3 列の推移確率の行列である．行列データの編集（入力）の特徴（注意点）は，行の区切りにセミコロン（;）を入れることである．

```
B = [0.70 0.03 0.27 ; 0.20 0.64 0.16 ; 0.26 0.10 0.64];//case 1
// B = [0.60 0.12 0.28 ;0.24 0.64 0.12 ; 0.30 0.09 0.61];//case 2
```

対象とするブランドなどの数が変化する場合は，必ず入力要求画面で修正する．

1.8 事例研究 (3) マルコフ・プロセス・モデルの応用

⑨ 計算シミュレーション・ケース (2)

初期条件：Initial State と推移行列：Transition Matrix（A, B, C の値）を変化させた場合.

```
Initial State:
              case(1)    case(2)
     A  :     0.30000   →0.35000

     B  :     0.25000   →0.25000
     C  :     0.45000   →0.40000
```

```
Transition Matrix:
case(1)
-----------------------------------------------------
                    State(j)
-----------------------------------------------------
State(i)    A           B           C

    A     0.70000     0.03000     0.27000
    B     0.20000     0.64000     0.16000
    C     0.26000     0.10000     0.64000
-----------------------------------------------------

case(2)
-----------------------------------------------------
                    State(j)
-----------------------------------------------------
State(i)    A           B           C

    A     0.60000     0.12000     0.28000
    B     0.24000     0.64000     0.12000
    C     0.30000     0.09000     0.61000
-----------------------------------------------------
```

⑩ 計算結果の比較

以下は 10 期後のシェア（比率）の比較である.

	TIME	A	B	C
ケース (1)	[10]	0.44785	0.15010	0.40205
ケース (2)	[10]	0.40907	0.22734	0.36359

特徴的な結果は，Initial State と Transition Matrix の値に変化のないブランド

Bの10期後のシェアが最も大きくプラスに変動していることである．さらに，Transition Matrix の対角要素の値の違い，すなわち「顧客ベースの維持率」の差が長期のシェアの変化に大きく影響することを再確認する結果となっている．

■ 注

(1) Scilab は Matlab 互換のフランスの INRIA で開発されたオープンソースの科学技術計算用言語．
(2) 分析ソフトには IBM/SPSS の AMOS 20.0 を用いている．
(3) 共分散構造分析の分析精度指標の解説
モデルの主な評価指標と基準値
　① GFI（Goodness of Fit Index）：適合度指標
　　測定（標本）データとモデルによって推定された共分散行列の一致度を測る指標．モデルが標本共分散行列を完全に説明している時は GFI の値が 1 となる．標本数 N に依存しないモデルの評価指標．《　.9 以上》
　② AGFI（Adjusted GFI）：修正適合度指標
　　自由度（df）で GFI を修正した指標．《　.9 以上》
　③ CFI（Comparative Fit Index）：比較適合度指標
　　独立モデルとの比較の要素を取り入れた GFI とは異なる定義によるモデル適合度の指標．《　.95 以上》
　④ RMSEA（Root Mean Square Error of Approximation）
　　構造方程式モデルに特化してモデルの分布と真の分布との 1 自由度当たりの量として表現したモデル適合度の指標．《.05 以下．.1 を越えると不適》
　⑤ AIC（Akaike's Information Criterion）：赤池情報量規準
　　同じデータでモデルを比較する指標．小さいほど適合度がよい．基準値はない．

2. 広告コミュニケーション・モデル

> 本章では広告コミュニケーション研究の目的は，ブランド価値の形成を通して企業価値を創造していくことが広告の役割である，との観点から理論モデルについて概要を解説する．事例研究として，クリエイティブ要因を組み込んだ因果モデルと，テレビ広告を起点とする階層的行動モデルについて詳しく解説する．

2.1 広告コミュニケーションの目的

広告の重要な目的の1つは，顧客，消費者，大衆との「コミュニケーション」関係の構築である．最終的には，継続的なブランド価値の形成を通して企業価値を創造していくことが広告の役割であり，「広告コミュニケーション」の目的である．

2.2 事例研究 (1) クリエイティブ要因を組み込んだ因果モデル

以下は，広告表現のクリエイティブ要因を組み込んだ，広告コミュニケーションに関する理論的「仮説」の因果モデルである．具体的には，「【広告表現】が【ブランド価値】と【広告評価】の両方に影響を与え，それによって【企業価値】が高まる」という広告効果形成に関する非常に基本的な因果モデルである．

2.2.1 因果モデル図の読み方とその解説

図2.1の中で楕円形で囲まれた【広告表現】，【ブランド価値】，【広告評価】，【企業価値】はこの理論モデルを構成する「構成概念（潜在変数）」(construct)

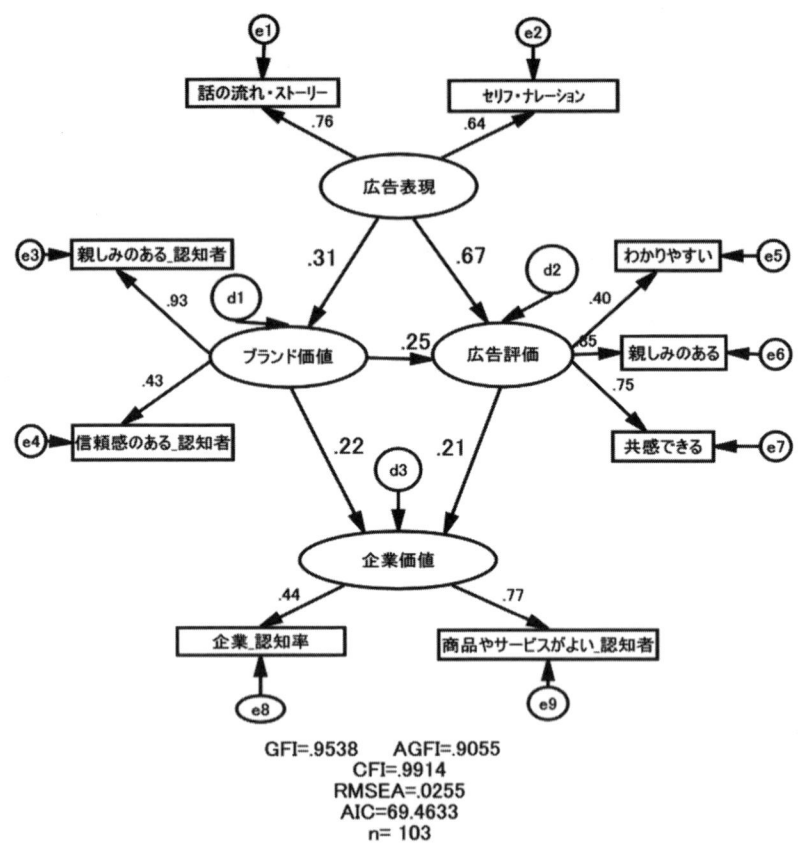

図 2.1 広告コミュニケーションに関する理論モデル

である．この構成概念間を結んでいる→（有方向矢印）はそれぞれの「概念」が「因果」となって影響を及ぼす，あるいは影響を受ける経路（path）を表現している．矢印上の数値はパス係数といい，相対的な影響の強度を示す一種の回帰係数である．図中で楕円形の構成概念と対応づけられている矩形で囲まれた「セリフ・ナレーション」「話の流れ・ストーリー」などのコトバは，調査で使われた実際の設問項目である[注1]．それぞれの抽象的な理論上の「概念」を定義し，形成する観測（調査）データで「観測変数」と呼ばれるものである．構成概念と観測変数を結ぶ矢印上の数値は，構成概念を「共通因子」とする一種の因子負荷量である．丸印の中の d1, d2, d3 は潜在変数の誤差項を，e1, e2, …, e9 はそれぞ

れ，観測変数の誤差項を表している．

2.2.2 クリエイティブの要素として『音の要素』の重要性

テレビ CM のクリエイティブの要素として，「音」が非常に重要な役割をしていることが実験や観察の結果から確認されている（岩崎，他，2012）．

この理論モデルでは，【広告表現】の観測変数として，CM の「セリフ・ナレーション」を『音の要素』として選んだ割合と，CM の『ストーリー性』として「話の流れとストーリー」を選んだ割合（%）をモデルに組み込んでいる．【ブランド価値】の観測変数としては，調査対象者（CM 認知者）がブランド・イメージ項目のうち，「親しみのある」と「信頼感のある」を選んだ割合（%）をモデルに組み込んでいる．【広告評価】の観測変数としては，調査対象者が広告イメージ項目のうち，「わかりやすい」「親しみのある」と「共感できる」を選んだ割合（%）をモデルに組み込んでいる．【企業価値】の観測変数としては，調査対象者の「企業名認知率」と企業イメージ項目のうち，「商品・サービスがよい」を選んだ割合（%）をモデルに組み込んでいる．

 a. **分析データ**：「テレビ・コマーシャル・カルテ」データ

分析に用いた CM クリエイティブ評価データは，学術研究用に提供を受けたビデオリサーチ社の「テレビ・コマーシャル・カルテ」調査[注1]（1995 年 10 月度）の CM 別集計データ（103 件）である．

 b. **分析手法**：共分散構造分析法

共分散構造分析法を用いて理論モデルを構築し，因果関係を検証した．

 c. **検証結果の要約**：非常にフィットのよいモデル

分析の結果は，モデルの適合度（精度）を示す指標は，AGFI = 0.905, CFI = 0.991, RMSEA = 0.025 で，一般的なモデルの適合度の高さを評価する基準（値）を十分にクリアする非常にフィットのよいモデルであることを示している[注2]．「【広告表現】が【ブランド価値】と【広告評価】の両方に影響を与え，それによって【企業価値】が高まる」という広告コミュニケーション理論が，経験的に検証できたことを意味する結果である．ただし，検証に用いたデータが研究用の小規模データでかつ，かなり過去のものであるので，今後の課題は最近のデータを加えた大規模なデータによる再検証である．

2.3 事例研究（2）広告コミュニケーションに関する理論モデルの比較

広告コミュニケーションに関する理論の実証モデルについて，目的とする「成果変数」の違いを中心に比較を試みた．使用データは事例研究（1）と同じコマーシャル・カルテ・データである．分析精度，モデル適合度の観点[注2]からは，図2.6の#4「企業評価」を目的変数とするモデル（2）が最もバランスのよいモデルである[注3]．この「企業評価」を目的変数とするモデル（2）は，図2.5の#3「企業評価」を目的変数とするモデル（1）とほぼ同じモデル構造である．違いは，潜在変数の「企業評価」と「ブランド評価」に対応する観測変数を3から2に減らしたよりシンプルなモデルである．因果構造は「広告要素」と表現される広告のクリエイティブ要因を外在変数として，「広告評価」と「ブランド評価」に影響を与え，「広告評価」と「ブランド評価」が「企業評価」に影響を与えるというモデルである．

表2.1 目的変数の違いによる比較

モデル#	AGFI	CFI	RMSEA	AIC
#0「広告認知率」を目的変数とするモデル	0.890	0.985	0.052	72.614
#1「ブランド価値」を目的変数とするモデル（1）	0.809	0.914	0.093	149.750
#2「ブランド価値」を目的変数とするモデル（2）	0.834	0.956	0.072	113.393
#3「企業評価」を目的変数とするモデル（1）	0.873	0.965	0.049	102.439
#4「企業評価」を目的変数とするモデル（2）	0.906	0.991	0.026	69.463
#5「購買促進力」を目的変数とするモデル（1）	0.851	0.960	0.083	83.099
#6「購買促進力」を目的変数とするモデル（2）	0.836	0.954	0.116	60.605

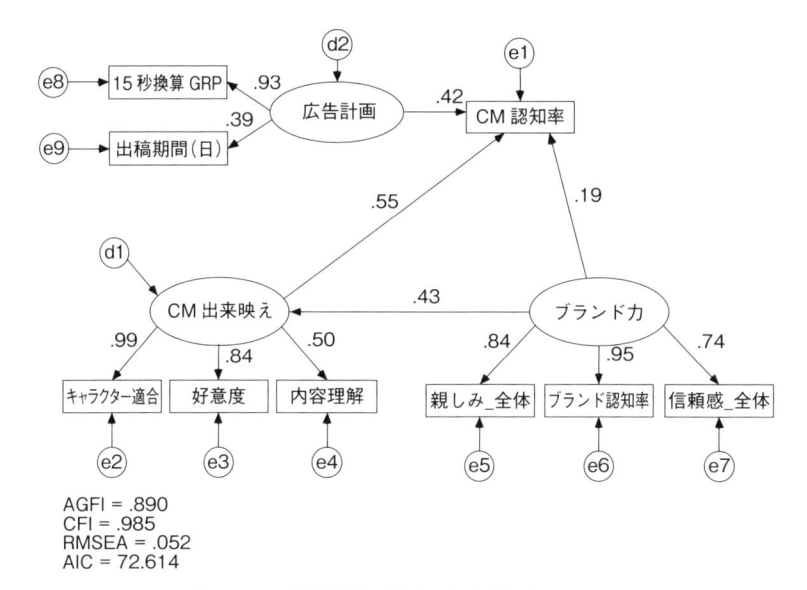

2.3 事例研究（2）広告コミュニケーションに関する理論モデルの比較　　25

図 2.2　#0「広告認知率」を目的変数とするモデル

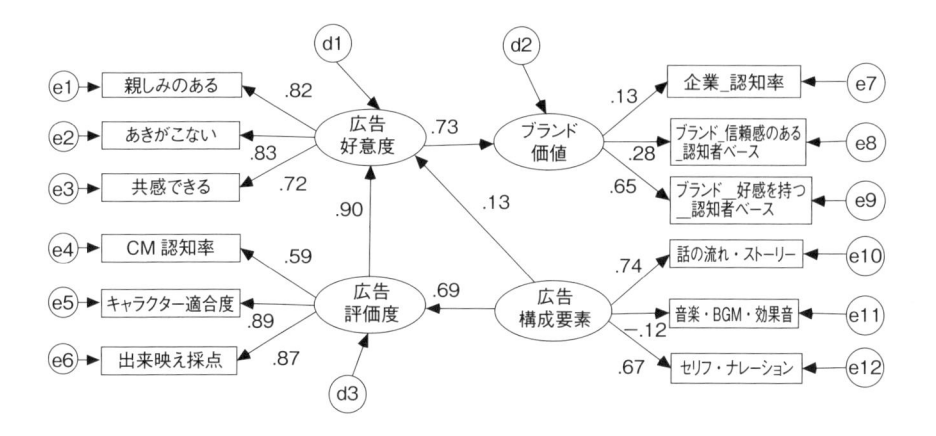

図 2.3　#1「ブランド価値」を目的変数とするモデル（1）

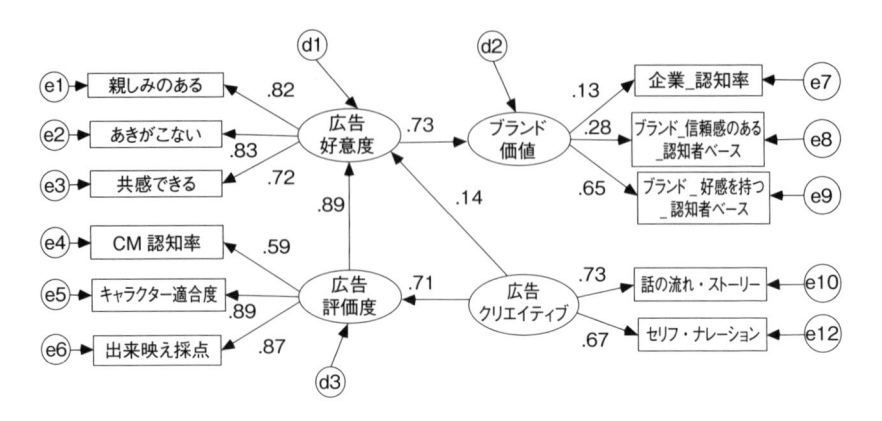

AGFI=.834
CFI =.956
RMSEA=.072
AIC =113.393

図 2.4　#2「ブランド価値」を目的変数とするモデル（2）

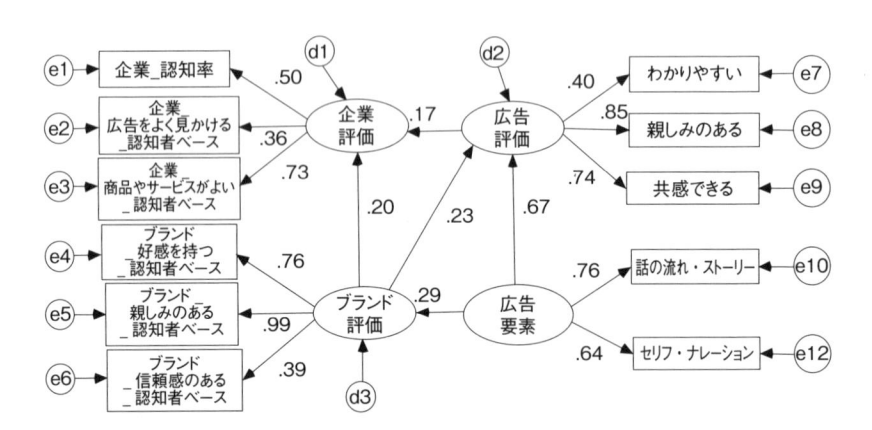

AGFI=.873
CFI =.965
RMSEA=.049
AIC =102.439

図 2.5　#3「企業評価」を目的変数とするモデル（1）

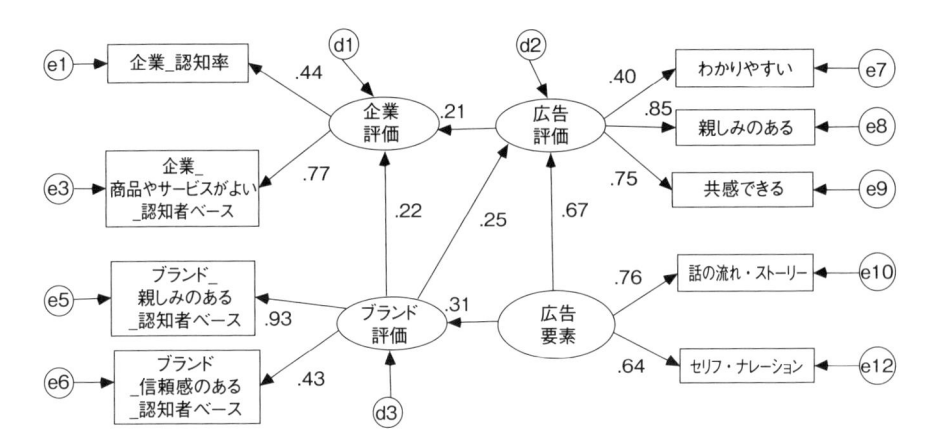

2.3 事例研究 (2) 広告コミュニケーションに関する理論モデルの比較   27

AGFI=.906
CFI =.991
RMSEA=.026
AIC =69.463

図 2.6　#4「企業評価」を目的変数とするモデル (2)

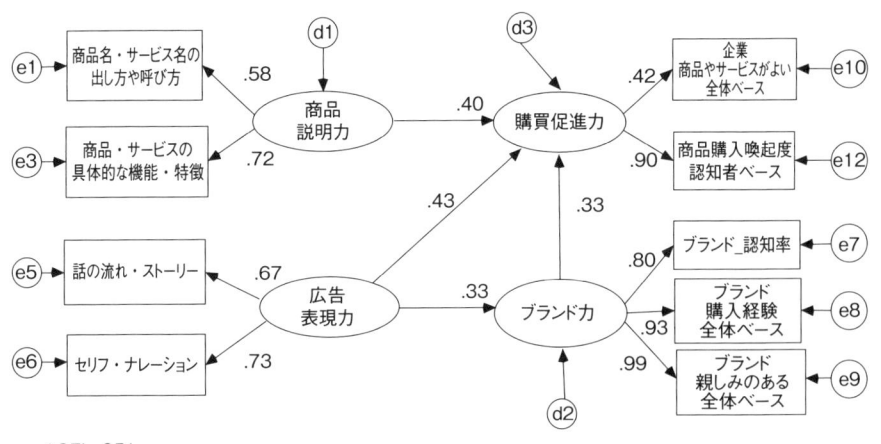

AGFI=.851
CFI =.960
RMSEA=.083
AIC =83.099

図 2.7　#5「購買促進力」を目的変数とするモデル (1)

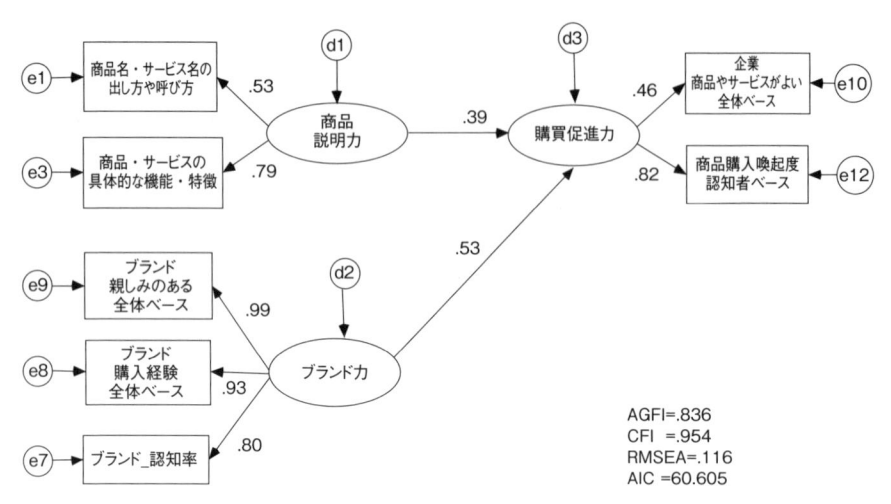

図 2.8　#6「購買促進力」を目的変数とするモデル (2)

2.4　事例研究 (3) TV → SAS モデル：テレビ広告を起点とする階層的行動モデル

　テレビ広告を起点とする TV → SAS モデルは，従来の階層的行動モデルの例（図 2.9）にある「Attention → Interest」の段階を「TV 広告」の役割であることを自明の前提にした，マス広告とネットでの購買行動，情報検索，情報共有過程の因果関係を理論モデル化したものである（図 2.10）．

2.4 事例研究 (3) TV→SAS モデル：テレビ広告を起点とする階層的行動モデル　29

```
AIDMA＝マーケティングで顧客の購買行動を分析する枠組み
Attention → Interest → Desire → Memory → Action
（注意）  （興味・関心）（欲求喚起）（記憶）  （行動）
```

```
AIDEES＝ネットワーク型の消費者行動を分析する枠組み
Attention → Interest → Desire → Experience → Enthusiasm → Share
（注意）  （興味・関心）（欲求喚起）（経験）    （熱狂）    （共有）
```

```
AISAS＝ネットでの購買行動のモデル
Attention → Interest → Search → Action → Share
（注意）  （興味・関心）（検索） （行動） （共有）
```

```
AISCEAS＝ネットでの購買行動のモデル
Attention → Interest → Search → Comparison → Examination → Action → Share
（注意）  （興味・関心）（検索） （比較）    （検討）    （行動） （共有）
```

図 2.9　従来の階層的行動モデルの例

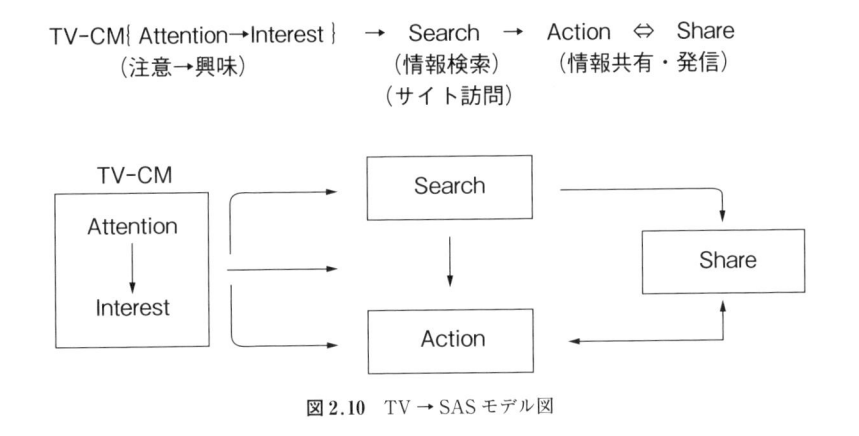

TV-CM｛Attention→Interest｝ → Search → Action ⇔ Share
　　　（注意→興味）　　　　（情報検索）（情報共有・発信）
　　　　　　　　　　　　　（サイト訪問）

図 2.10　TV→SAS モデル図

2.4.1　クレジット・カードの TV 広告キャンペーン事例の実証研究

　サイト誘導型テレビ・コマーシャルを起点とするインターネットとのクロス・メディア的広告連動モデルを検証するため「ライフカード」の事例をとりあげる．「ライフカード」のコマーシャルは若年層への浸透を目的にしたそのクリエイティブのユニークさとインパクトの強さで話題になった素材である．

a. 分析データ

2005年1月から2006年10月の22ヶ月間について，ライフカードのテレビ広告量（15秒換算GRP）と広告素材更新時期，キーワード検索回数，Webサイトの推定接触者数，ブログ更新件数との連動関係を月次ベースで時系列集計したのが表2.2である．

表2.2 ライフカードのTV広告キャンペーン時系列データ

	テレビCM (15秒GRP) [％]	キーワード検索回数(推定) [万回]	ライフカードWebサイト推定接触者数 [万人]	ブログ更新件数	ライフカードテレビCM『カードの切り方が人生だ』シリーズ素材別オンエア期間
2005年1月	673	3.0	5.5	30	別素材
2005年2月	672	2.2	4.3	34	
2005年3月	3,940	8.7	43.7	150	②出会い・篇
2005年4月	2,601	17.8	23	383	①派閥・篇
2005年5月	624	5.3	11.9	170	
2005年6月	577	6.1	16.5	164	③海外出張・篇
2005年7月	3,054	28.2	32.9	311	
2005年8月	563	21.6	21.7	159	
2005年9月	601	9.3	22.9	198	④フィッシング詐欺に気を付けて・篇
2005年10月	880	14.4	13	311	⑤a Xmas Night・篇
2005年11月	1,690	17.4	20.6	401	
2005年12月	2,632	28.9	32.6	514	
2006年1月	787	10.4	16.6	341	⑥フレッシュマン来る・篇
2006年2月	685	17.4	20.1	495	
2006年3月	2,544	38.7	41.8	675	⑦スキミングに気を付けて・篇
2006年4月	2,270	15.1	25.6	887	
2006年5月	859	16.4	16.8	534	⑧マドンナ・篇
2006年6月	2,401	51.9	55.8	926	
2006年7月	1,647	38.5	45.8	817	
2006年8月	634	15.8	49.8	529	
2006年9月	438	13.6	24.9	605	⑨転機到来・篇
2006年10月	601	16.1	20.4	514	

b. 集計結果

表2.3は分析に使用した観測変数間の相関関係を集計したものである．起点であるTV広告の出稿量とブログ更新件数（情報共有・発信）の相関がやや低いが他の変数との間はかなり相関があるデータである．

表 2.3 観測変数間の相関係数（$N=22$）

	テレビCM (15秒 GRP) [%]	キーワード検索 回数 (推定)[万回]	ライフカード Webサイト推定 接触者数［万人]	ブログ更新件数
テレビCM (15秒 GRP)[%]	1.000			
キー・ワード検索回 数（推定）[万回]	0.468	1.000		
ライフカードWeb サイト推定接触者数 [万人]	0.576	0.752	1.000	
ブログ更新件数	0.268	0.735	0.632	1.000

c. パス解析の結果

TV→SASモデルへの当てはまりを実証するため，図2.11のモデル構造での分析を行った．結果は当てはまりが非常によく，AGFI=0.92, RMSEA=0.0であった．ただし，観測ケース数が22件であり，一般化には十分な件数ではない．

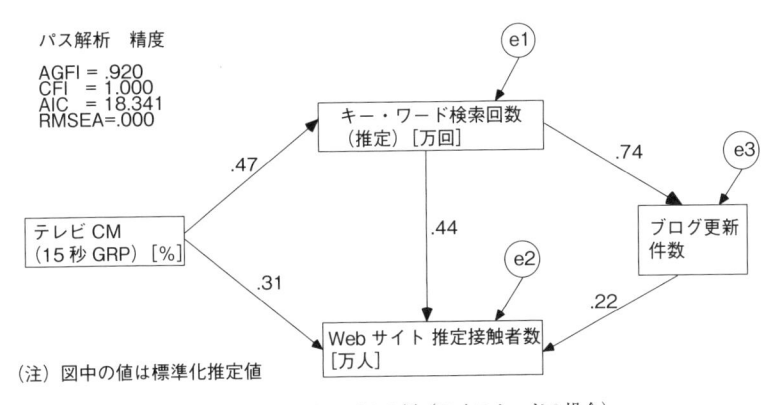

パス解析　精度
AGFI = .920
CFI = 1.000
AIC = 18.341
RMSEA=.000

（注）図中の値は標準化推定値

図 2.11　TV→SASモデルの例（ライフカードの場合）

▌注

(1) ビデオリサーチ社のテレビ・コマーシャル・カルテの詳細
調査概要
 1. 調査地域：関東地区→東京30km圏：関西地区→京阪神12市
 2. 調査対象者：満13～59才の男女個人
 3. サンプリング方法：無作為二段抽出法
 4. 調査方法：留置調査法
 5. 調査標本数：800サンプル指令（有効回収率は約80%）
 6. 調査対象CM数：1回当たり約100CM
 7. 調査スケジュール：毎月1回，年間12回実施（関西地区は年4回）
 8. 調査開始時期：1982年12月より調査開始（関西地区は1992年12月より）
調査対象CM素材の評価に関する質問項目
 1. CM認知状況（認知率＝再認知名率）
 2. 内容理解度評価　　※以下はCM認知者に対する質問
 3. 商品興味関心度評価
 4. CM好意度評価
 5. 印象に残ったクリエイティブ要素評価
 6. イメージ評価
   （インパクト，親近性・共感性，理解・説得力，面白・過剰感を示す計19項目）
 7. 出来映え評価（100点満点で点数を記入）
 8. キャラクター適合度評価
 9. 商品購入喚起度評価
CM周辺情報に関する質問項目
 1. 企業認知・評価（企業認知，企業イメージ評価）
 2. ブランド認知・評価（ブランド認知，最近3ヶ月間の購入・利用経験，ブランド・イメージ評価）
 3. CMキャッチ・コピーの評価（キャッチ・コピー認知，内容理解度，好意度）
CM出稿・到達に関するデータ
 1. CM出稿量（CM本数，総秒数）
 2. 出稿パターン　（逆L，全日，ヨの字，コの字，逆F，深夜，全日昼）
 3. GRP（延視聴率）（本数ベース，15秒換算）
 4. Reach（BBDモデルによる推定累積到達率：詳細は第3章参照）

(2) 分析精度（モデル適合度）の詳細は，第1章末の（注3）を参照．
(3) モデル#4（図2.6）は構成概念間および，構成概念と測定変数の対応関係でみると，因果関係（パス）図の描き方は若干異なるが，2.2節の事例研究（1）のモデルと同じモデルである．

3. 広告媒体接触行動モデル

> 本章では広告媒体接触行動の予測モデルの現状と課題の観点から，グローバル標準の予測モデル（ベータ二項分布モデル）と最先端の正準展開モデルについて概要を解説する．事例研究としてテレビ広告の到達と接触回数を予測するモデルの計算アルゴリズムおよび，システムの実行手順を紹介する．

3.1 広告媒体接触行動の予測モデルの現状と課題

3.1.1 広告媒体接触行動モデルの現状

認知レベルの広告接触率の予測モデルには，広告効果の「収穫逓減」の法則を実装した指数関数型のモデルや，広告計画の諸要因（条件）を説明変数とする回帰分析型のモデルが使用されている．

特に，広告計画の基本管理指標である接触レベルの広告効果を表す「到達率（Reach）と接触回数（Frequency）」（R & F）の予測，推定にはベータ二項分布（BBD: Beta-Binomial Distribution）モデルが世界的に広告業界の標準モデルとして使われている．BBD モデルのアルゴリズムの詳細は本章末[注1]を参照．

3.1.2 グローバル標準の予測モデル

主に，テレビ広告と雑誌広告の R & F 推定には BBD モデルが使われているが，インターネット広告，ラジオ広告，CATV や衛星放送の広告の場合の数学モデルは，負の二項分布（NBD: Negative-Binomial Distribution）モデルがグローバルな業界標準である．

この BBD モデルおよび NBD モデルの計算プログラムは非常にシンプルで高速

処理に向いているが，極端に平均の接触率が異なる媒体や広告枠をミックスする広告計画の場合に，Reach の推定値がアンダーになる傾向がある．これは「Declining reach」と呼ばれる現象で，BBD モデルや NBD モデルが広告代理店の広告管理システムに標準的に実装されるようになり，業界，学会の積年の課題であった．日本では，「Declining Reach」対策として修正 BBD 木戸モデルが用いられてきたが，根本的な対策ではなく，単なる「結果の修正」であった（木戸，2004）．

3.1.3 正準展開モデル

このため，1990 年代になってモデルの複雑化と計算時間の増加は避けられないものの，多媒体（Media Mix）用の Reach & Frequency（R & F）推定システムとして，Danaher（1991）の正準展開（Canonical Expansion）モデルの研究が欧米および日本の業界・学会で注目されるようになった．

日本では，正準展開モデルの計算アルゴリズムの大幅な改善を提案した大西（2000）の研究により，正準展開モデルがその予測精度の点で優秀であることが実証されている．詳細は木戸（2004；p.37-54）を参照．日本では 1970 年代からこれらの予測モデルがビデオリサーチによって業界標準としてその詳細の計算仕様が開示されている（ビデオ・リサーチ，1973）．

3.2 広告媒体接触行動の予測モデルの計算アルゴリズム

3.2.1 ベータ二項分布（BBD）モデルの定義式

以下は BBD モデルの数式の定義と計算アルゴリズムである．BBD モデルは下記の（3.1）式の二項分布と（3.2）式の β 分布の確率密度関数を合成した（3.3）式の接触確率の分布モデルである．以下の各式は木戸（2004；p.30-31）を再掲したものである．

① 二項分布

$$\phi(k|p) = {}_N C_k p^k (1-p)^{N-k} \tag{3.1}$$

② β 分布

$$\beta(p|l, m) = \frac{1}{B(l, m)} p^{l-1}(1-p)^{m-1} \tag{3.2}$$

③ 接触回数の分布

$$f(k) = \int_0^1 \phi(k|p)\beta(p|l,m)dp$$
$$= \frac{{}_NC_k B(l+k, m+N-k)}{B(l,m)} \tag{3.3}$$

a. 到達率および接触回数の分布の計算方法

到達率および接触回数の分布に関する実際の計算は，パラメーター l, m が既に与えられるならば，次のステップ（式）で行える．

① 到達率の計算

$$f(0) = \frac{m(m+1)\cdots(m+N-1)}{(l+m)(l+m+1)\cdots(l+m+N-1)} \tag{3.4}$$

によって，到達率（Reach）は

$$\text{Reach} = 1 - f(0) \tag{3.5}$$

② 接触回数の分布の計算

$$f(k+1) = f(k) \times \frac{N-1}{k+1} \times \frac{l+1}{m+N-k-1} \tag{3.6}$$

ただし，N は出稿回数，$k=0, 1, 2, \cdots, N-1$．

b. 実測データによるパラメータ l, m の決定方法

到達率のモデルに関係なく，一般に次の式が成立する．

$${}_NC_k \cdot \overline{P_k} = \sum_{i=k}^{N} {}_iC_k f(i) \quad (1 \leq k \leq N) \tag{3.7}$$

ただし，${}_NC_k$： 二項係数
　　　　P_k： N 時点の中からとった任意の k 時点の重複視聴率のあらゆる組合せについての平均
　　　　$f(i)$： 視聴回数 i 回の視聴者の割合

この (3.7) 式の左辺に実測値から算出した $\overline{P_k}$ を入れ，右辺にパラメータを含んだ $f(i)$ の式を入れれば，パラメータについての方程式が得られる．これを解いてパラメータを決定する．

c. パラメータを決定する方程式

パラメータの数は2つだけなので実際には $\overline{P_1}$ および $\overline{P_2}$ についての方程式を用いることになる．BBDモデルの場合のパラメータを決定する方程式は，右辺の和

を計算すると，

$$\overline{P_1}=\frac{l}{l+m}, \quad \overline{P_2}=\frac{l}{l+m}\cdot\frac{l+1}{l+m+1}$$

になる．これを解いて，l, m は

$$l=\frac{\overline{P_1}(\overline{P_1}-\overline{P_2})}{\overline{P_2}-\overline{P_1}^2}, \quad m=\frac{(1-\overline{P_1})(\overline{P_1}-\overline{P_2})}{\overline{P_2}-\overline{P_1}^2}$$

したがって，データによって平均接触率 $\overline{P_1}$ および平均重複接触率 $\overline{P_2}$ を求めることができれば，モデルのパラメータ l, m を決定することができる．

以上の BBD モデルの到達率の計算プロセス（アルゴリズム）を筆者が科学計算用言語（Scilab）で記述したものが本章末の（注1）である．

3.2.2 BBD モデルの最大の特徴と問題点

到達率および接触回数の分布（R & F）の予測モデルとしての BBD モデルの最大の特徴は，非常に当てはまりがよいことである．さらに，広告媒体への出稿回数（本数：N）と，広告媒体への平均の接触率（P1）と，平均の重複接触率（P2）の3つの値があれば非常に簡単に高速計算できることである．

ただし，重複接触率（重複率）の計算のためには個別標本集計（実測）が必須である．広告管理システム運用上は，この重複率の実測計算が最大のネックとなる．

そこで，テレビ広告を中心とする計画システムの場合，計画段階の目標の GRP（延視聴率）と広告の投下パターン（期間，局，時間帯など）から重複率を推定して BBD による到達率と接触回数の分布を予測するのが業界標準的な仕様となっている．

3.2.3 平均重複接触率 $\overline{P_2}$ の回帰推定の方法

計画段階の目標の GRP（＝本数×平均視聴率 P1）と，広告の投下パターン（期間，時間帯，使用局数など）から重複率 P2 と平均視聴率 P1 の比（**P2/P1_Ratio**）を回帰推定する．推定した **P2/P1_Ratio** を平均視聴率に乗じて重複率 P2 の推定値を求める．一般に，**P2/P1_Ratio** は広告計画（広告量と投下パターン）の特徴を反映した平均 P1 を平均 P2 に「換算」するための変換係数である．

この例では，筆者の経験をもとに下記のような20ケースの仮想の広告計画データ・セットを作成して推定計算をした（表3.1）．推定結果の精度は自由度調整済決定係数が0.983と非常に良好であった（表3.2）．推定された回帰係数は下記の通りである．説明変数の内，時間帯ダミーの係数が有意ではない結果となっている（表3.3）．

① データ・セット

　　目的変数：**P2/P1_Ratio**

　　従属変数：平均視聴率（P1）

　　　　　　：投下時間帯ダミー（全日型＝1；その他＝0）

　　　　　　：使用局数（1～5局）

ただし，分析データ上はP2＝P2/100，P1＝(GRP/投下本数)/100の比率データを使用する．

② 重回帰分析モデル

下記のような回帰モデルを設定し，最小二乗法で推定した．

P2/P1_Ratio＝c＋a_1＊(時間帯ダミー)＋a_2＊(使用局数)＋a_3＊(平均視聴率：P1)

　　　　P2＝P2/P1_Ratio＊(平均視聴率：P1)

ただし，a_1，a_2，a_3は回帰係数

③ 分析結果の概要

表3.1 仮想のデータ・セット

ケースNo.	時間帯ダミー	使用局数	平均視聴率 (P1)	平均重複率 (P2)	P2/P1_Ratio
1	1	1	0.030	0.002	0.067
2	0	1	0.150	0.039	0.260
3	0	1	0.050	0.004	0.080
4	1	2	0.130	0.027	0.208
5	1	2	0.030	0.001	0.033
6	0	2	0.150	0.034	0.227
7	0	2	0.050	0.004	0.080
8	1	3	0.100	0.016	0.160
9	0	3	0.150	0.033	0.220
10	0	3	0.050	0.004	0.080
11	1	4	0.070	0.007	0.100
12	0	4	0.150	0.033	0.220
13	0	4	0.050	0.004	0.080
14	1	4	0.100	0.015	0.150
15	0	5	0.050	0.004	0.080
16	0	5	0.100	0.014	0.140
17	0	5	0.150	0.032	0.213
18	0	5	0.200	0.058	0.290
19	1	5	0.060	0.005	0.083
20	1	5	0.100	0.015	0.150

表3.2 回帰統計

重相関 R	0.992893995
決定係数 R2	0.985838484
自由度調整済決定係数 R2′	0.9831832
標準誤差	0.009718776
ケース数	20

表3.3 回帰係数

	回帰係数 a_i	標準誤差	t 値	P-値
c：定数項	0.018035707	0.00704603	2.55969782	0.020987501
時間帯 a_1	0.000803512	0.004667251	0.172159644	0.865470793
使用局数 a_2	−0.005204691	0.001530276	−3.401144839	0.003651335
平均視聴率 a_3	1.509045511	0.047744899	31.60642409	7.54243E^{-16}

3.3 事例研究　テレビ広告の到達率と接触回数分布（R & F）を予測するモデル

3.3.1 Scilab 版 BBD モデルの実行条件

この「簡易版」の R & F 予測システムでは，重複率を推定して BBD モデルによる到達率と接触回数の分布を予測するため，**P2/P1_Ratio**（「平均視聴率」と「重複率」の比）を回帰推定した結果を用いて「重複率」を推定した例を示す．

3.3.2 重複率 P2 の推定計算例

GRP（延視聴率）＝ 1200％，本数＝ 100，投下パターン（全日型）＝ 1（yes），使用 TV 局数＝ 5 という推定計算の条件で，**P2/P1_Ratio** を回帰モデルで推定して「重複率」に換算をすると，P2 ＝ 0.020868 となる．

計画の出稿回数（N）と平均の接触率（P1）と推定した重複率（P2）の 3 つの値は，

$$計画本数（N）　 = 100$$
$$平均接触率（P1）= 0.120000$$
$$推定重複率（P2）= 0.020868$$

である．この 3 つの値から計算した「ベータ二項分布」の分布形状を決定するパラメータ l, m の値は以下のようになる．

$$l \ = \ 1.839139$$
$$m = 13.487021$$

このパラメータ l, m の値から求めた BBD モデルによる推定計算の結果は，以下のようになる．

$$累積到達率（\text{Cumulative Reach}）　　= 97.9\%$$
$$平均接触回数（\text{Average Frequency}）= 12.3 回$$

3.3.3 BBD モデルによる R & F 推定シミュレーション

広告計画の条件を一定にして，GRP を 1200％と 600％の場合の比較を行ったのが図 3.1 である．

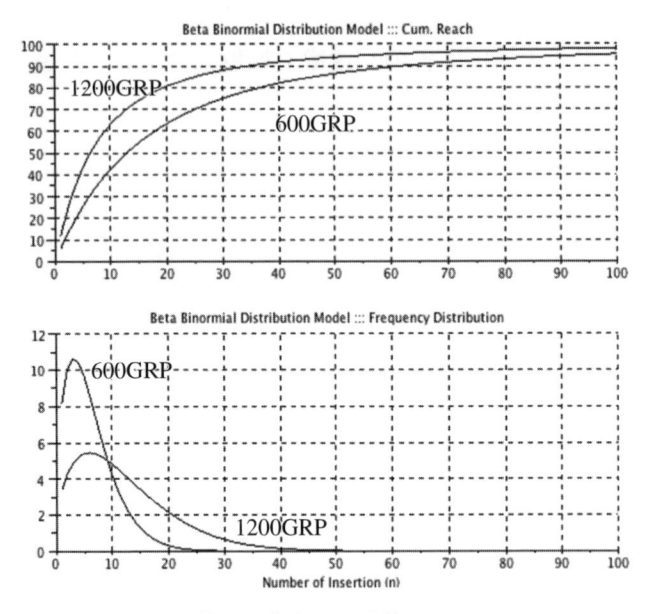

図 3.1 計画 GRP の比較グラフ

3.4 広告媒体接触行動予測システムの〈実行手順〉の紹介

　以下の図 3.2 から図 3.7 は R & F 予測システムの実行手順とその画面推移である．プログラムの実行は Scilab のエディター SciNotes のメニュー・バーから行う．Scilab のアイコン をクリックして「コンソール」を起動する．

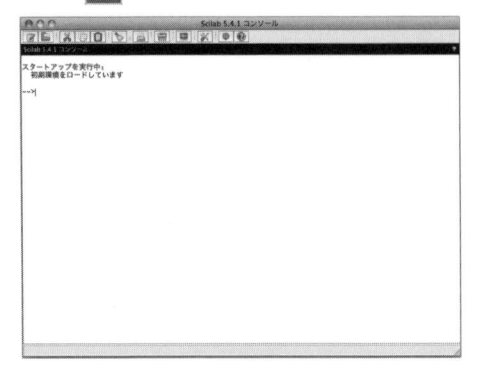

図 3.2 Scilab の起動画面

3.4 広告媒体接触行動予測システムの〈実行手順〉の紹介　　41

① ![icon] をクリックしてエディター（SciNotes）を起動する．

② ![icon] をクリックしてR＆F予測システムのプログラムをロードする（ファイルを開く，実行ファイル名：mac-BBD-P2byGRP-P_dmy_-N_sta_Model_501.sce）．

③ エディター画面上部のツール・バー右側の実行ボタンの何れかをクリックする．

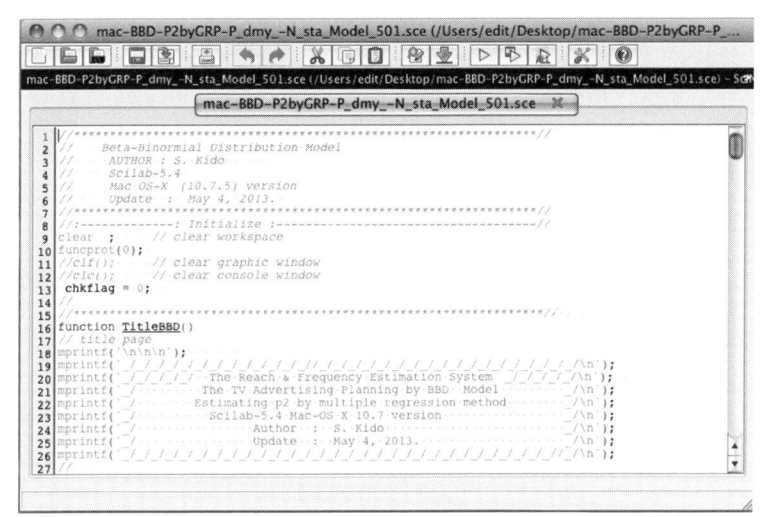

図3.3 Scilabエディター SciNotes の起動とプログラムのロード画面

④ 入力要求メニュー（図3.4a）がポップアップされる．

既にデフォルトの値が設定されているので，各入力エリアの値を変更して，［OK］ボタンをクリックする．尚，図3.4bはコンソールに出力される回数分布表の表示行数を指定するポップアップ・メニューの画面である．

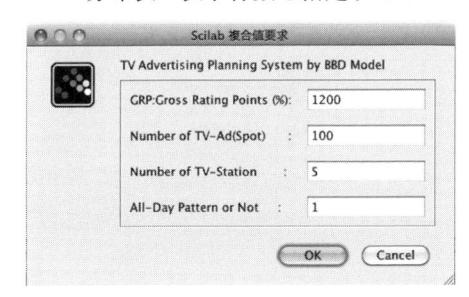

図3.4a Scilab 入力要求画面（1） 　　　　**図3.4b** Scilab 入力要求画面（2）

```
TV Advertising Planning System by BBD Model
:-------------------------------------:
:          Planning Conditions        :
:-------------------------------------:
  GRP:Gross Rating Points (%) :   1200
  Number of TV-Ad(Spot)       :    100
  All-Day Pattern of Ad.      :      1
  Number of TV-Station        :      5
:-------------------------------------:
  ------ Parameters of Model ------
           p1 :  0.120000
           p2 :  0.020868
           l  :  1.839139
           m  : 13.487021
           n  :  100
       ---------------------------------
       ------------ R E S U L T S ------------
  Estimated Cum. Reach =    97.9 %
  Average Frequency    =    12.3
  p2/p1 Ratio          =  0.173901
       ---------------------------------------
Max. Lines    =      10
  (N)      Frequency Distribution     Cumulative Reach
    1             3.4                       12.0
   11             4.6                       65.8
   21             1.9                       81.6
   31             0.6                       88.4
   41             0.1                       92.0
   51             0.0                       94.1
   61             0.0                       95.5
   71             0.0                       96.4
   81             0.0                       97.1
   91             0.0                       97.6
  100             0.0                       97.9
```

図 3.5 Reach & Frequency 予測システムの PC コンソール画面

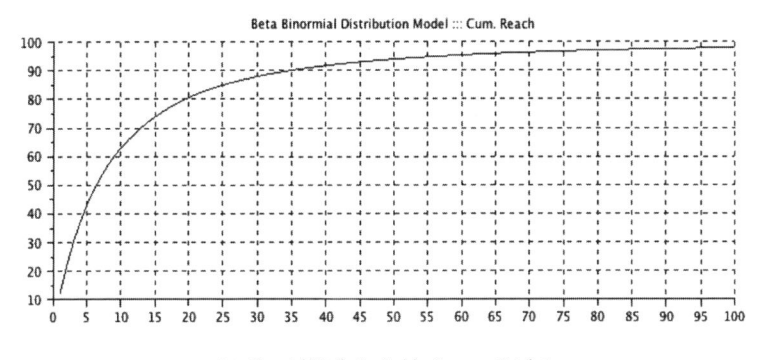

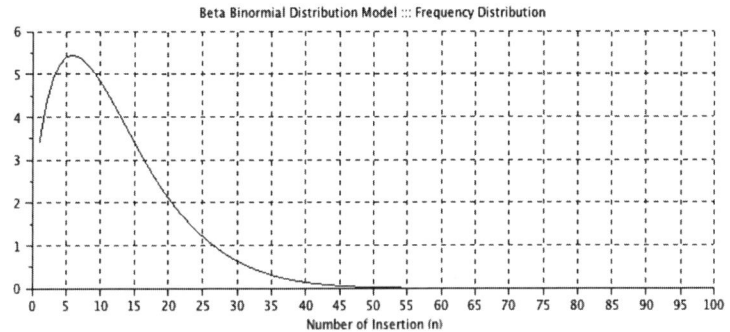

3.4 広告媒体接触行動予測システムの〈実行手順〉の紹介

[OK] ボタンを押すと，図3.6のR＆Fグラフが画面に出力される．

図3.6 Scilab グラフ出力画面

⑤ 図3.7はコンソールに出力される結果表（図3.5）のファイルの出力先を指定するポップアップ・メニューの画面である．結果の保存はコンソール出力自体をテキスト形式でコピー＆ペーストすることも可能である．

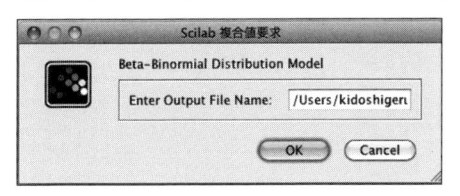

図3.7 Scilab ファイル出力先指定画面

▍注

(1) 以下は「業界標準」のBBDモデルの計算アルゴリズムである．Scilabを導入して，コンソール画面に（**実行ファイル名：simpleBBD_20.sce**）をコピー&ペーストすると，図3.5のRESULTSと同じ計算結果が表示されるはずである．

```
//simpleBBD_20.sce
 p1= 12; p2= 2.0868; n = 100 ;          // 入力データ(%)
 grp=n*p1;                               // GRPの計算
  x=1.; p1=p1/100. ; p2=p2/100.;         // 比率への変換
  l=(p1*(p1-p2))/(p2-p1*p1);             // パラメータlの計算
  m=((1-p1)*(p1-p2))/(p2-p1*p1);         // パラメータmの計算
      for i =1:n                         // 到達率rの計算
          ix =i;
          t =i;
            f(t)=(m+ix-1)/(l+m+ix-1);
          x=x*f(t);
          r(t)=(1-x)*100.;
      end
 reach=r(n);frequency=grp/reach;         // 接触回数の計算と表示
 mprintf("GRP= %f   Reach=%f  Ave.Freq= %f ",grp,reach,frequency);
 clf();dt =1;                            // 到達率のグラフ表示
 t = 1 : dt : n;
 plot2d(t ,r);
```

4. 製品・サービスの普及予測モデル

> 本章では製品・サービスの普及過程を予測する基本 Bass モデルについて概要を解説する．Bass モデルのマーケティング・モデルとしての実用性の観点から，基本モデルのパラメータ推定方法を中心に計算システムについて詳しく解説する．事例研究として電気自動車等（EV・PHV）の普及予測に関して，Bass モデルと指数関数モデルによる予測の比較を行っている．

4.1 製品・サービスの普及過程を予測するモデル

消費者行動モデル研究は「マーケティング・モデル」の開発をその重要な目標としている．特に，計量的なアプローチによる消費者行動モデルは「マーケティング・モデル」の機能部品の開発でもある．消費者行動の理解と予測のための計量的なアプローチとして，以下の3つのモデル・タイプ（型）がある．
① 反応関数型モデル
② 動的シミュレーション型モデル
③ 時系列分析型モデル

本章では，マーケティング・モデルの中へ機能部品として組み込みが想定される，計量的な消費者行動モデルの代表例として，新製品の普及率とその過程を予測するモデルである Bass モデルについて詳しく紹介する．

4.2 新製品の普及過程の予測モデルとしての Bass モデル

新製品の普及過程（普及率）の予測モデルとしての Bass モデルは，マーケテ

ィング「業界」で最も「普及」したマーケティング・モデルの1つである．Bassモデルの特徴の1つは，新製品の「普及過程」を普及率の予測のみならず，普及速度，ピーク時期についての知見が得られることである．1969年に論文（Bass, 1969）が発表されて以来，数々の実証研究やモデルの拡張と複雑化（精緻化）がされてきた．

4.3　基本 Bass モデル

Bass（1969）の基本モデルは3つのパラメータだけでかなり正確な新市場，イノベーションや製品カテゴリーの普及・成長率などのマクロな時系列予測が可能である．このモデルは，コミュニケーション・チャネルに関する2つの仮説に立脚している．

4.3.1　コミュニケーション・チャネルに関する2つの仮説

仮説①　外在的な影響：　あるイノベーションの潜在的採用者（購買者）は，マスコミ（広告メディア）などのメッセージを媒介とした外在的な影響（external influence）を受ける．

仮説②　内在的な影響：　同時に，周囲の人，特に初期採用者などへの追従や，彼らとのインターパーソナル・コミュニケーション（口コミ）などを媒介とした内在的な影響（internal influence）を受ける．

a.　確率関数の定義

これらの仮説をもとに Bass の基本モデルでは，t 期のあるイノベーションの採用確率 $A(t)$ は3つの基本パラメータ，潜在的市場規模 m と革新性 p（coefficient of innovation）と模倣性 q（coefficient of imitation）の線型関数の形で定義されている．

$$A(t) = \left(p + \frac{q}{m}\right)(N(t)) \qquad (4.1)$$

ただし，$N(t)$ は t 期の累積の既採用者（cumulative number of prior adopters）．(4.1) 式から t 期の新規採用者数 $S(t)$ を再定義すると，

新規採用者（new adopters）

（人）

模倣的採用者（imitators）

革新的採用者（innovators）

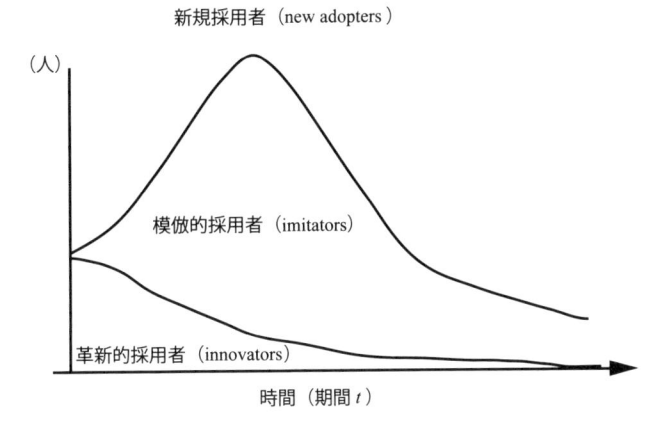

時間（期間 t）

図4.1 Bass モデルの関数

$$S(t) = pm + (q-p)N(t) - \frac{q}{m}(N(t))^2 \qquad (4.2)$$

図 4.1 は上記の Bass モデルの関数式を図示したものである．

t 期の新規採用者（new adopters）は，内在的な影響を受けた人（模倣的採用者；imitators）と，外在的な影響を受けた人（革新的採用者；innovators）の合計であること表現している．

4.4 Bass モデルのマーケティング・モデルとしての実用性

Bass モデルがマーケティング・モデルとして優れて実用的であると評価されているのは，そのパラメータ（p, q, m）の推定方法にある[注1]．基本的には予測したいイノベーションの普及初期段階の過去（時系列）データから，回帰分析的な手法や最適化の手法で推定することができる．しかし，普及前にその市場性や普及カーブ・パターン，成長速度などを知りたいのが一般的である．この目的に対応するために，Bass モデルでは過去に普及した類似商品の歴史的（長期的）データから，あらかじめ計算したパラメータ（p, q, m）をベースに主観的に推定する方法（guestimates）が推奨されている（Lilien & Rangaswamy, 2004）．

Bass の基本モデルは先に述べた3つのパラメータで定義されているが，この基

本モデルを拡張したモデル（Generalized Bass Model）では，広告や価格などのマーケティング政策変数の導入や消費財の再購入を考慮したモデルが数多くある．以下は，基本モデルと一般化モデルのパラメータ推定の方法の解説とモデル開発の実用例である．

4.5 事例研究（1）基本モデルのパラメータ推定方法

4.5.1 潜在的市場規模 m の推定方法

初期の販売データが使えれば推定可能であるが，非常にまれなケースである．通常はモデルとは独立に推定されている．ほとんどのケースは，市場規模に関する経営的判断や経営者の勘であることが多く，それも楽観的なものであることが多い．妥当な潜在的市場規模は市場調査やアナリストの予測，デルファイ法（Delphi Method）など，その推定のロジックや推定の前提となる仮説を検証することでかなり正確な推定値に調整（calibrate）可能である．ただし，業界や社内の常識的な「バイアス」のリスクを伴うので，第三者による推定（independent third party estimate）が望ましい．モデルの予測期間における市場成長率を固定して m を推定したり，m を時間で変動する変数とすることも考えられる．

4.5.2 革新性 p と模倣性 q の推定方法

このモデルは，新製品や新サービスが市場導入される前の「計画段階」での意思決定に利用されるのが前提である．当然ながら p と q を推定できるだけの販売実績データが存在し，担当者が p と q の仮想的推定値を持っている訳でもない．通常は，「類似商品」の過去の浸透パターン（diffusion patterns of analogous products）から p と q の推定を行うことが多い．p と q の平均値は業界横断的に，$p = .03$，$q = .38$ である．業界別の値は，Lilien & Rangaswamy（1998；p.201, 2004；p.259）を参照．過去の類似商品からの推定（analogues based approach）の際に注意すべきは，製品カテゴリーそのものよりむしろ，考えられる市場の競合状況や消費者の反応，料金体系とビジネス・モデルなどの類似性に注目するべきである．たとえば，衛星ラジオは過去のラジオよりもケーブル・テレビにより類似していると，競合状況や料金から判断できるからである．このように考える

と，p と q の推定を複数の業界の値の加重平均値としたり，新情報の入手によるデータ更新を前提とするシステムも考慮するべきである．

4.5.3 成長予測シナリオによる推定方法

予測対象の製品やサービスの販売（普及）実績のデータが十分にない場合，Bass モデルのパラメータ決定は，主観的だがロジカルな判断すなわち，対象のイノベーション（製品・サービス）の成長パターンや，市場でのパフォーマンスの想定（シナリオ）に依拠する．想定される市場でのパフォーマンスを，「立ち上がり」（takeoff：p）と，立ち上がり後の感染力（contagion：q）の高低組合せ4パターンからおよその値の範囲を絞り込んで，過去の事例グラフを参考に決定することが妥当である．

高低組合せの4パターンは以下である．

表 4.1 成長予測シナリオ

p \ q	Low q	High q
Low p	① 低成長・低感染パターン	② 低成長・高感染パターン
High p	③ 高成長・低感染パターン	④ 高成長・高感染パターン

① 低成長・低感染パターン：Low p; Low q
　・slow takeoff and low contagion
② 低成長・高感染パターン：Low p; High q
　・slow takeoff, but high contagion after takeoff
③ 高成長・低感染パターン：High p; Low q
　・high takeoff, but low contagion thereafter
④ 高成長・高感染パターン：High p; High q
　・fast growing products

図 4.2 は，Lilien et al. (2007; p.116-118) に掲載された過去事例（104件）をプロットしたものである．製品カテゴリーにより，p と q の値がかなり分散していることがわかる．

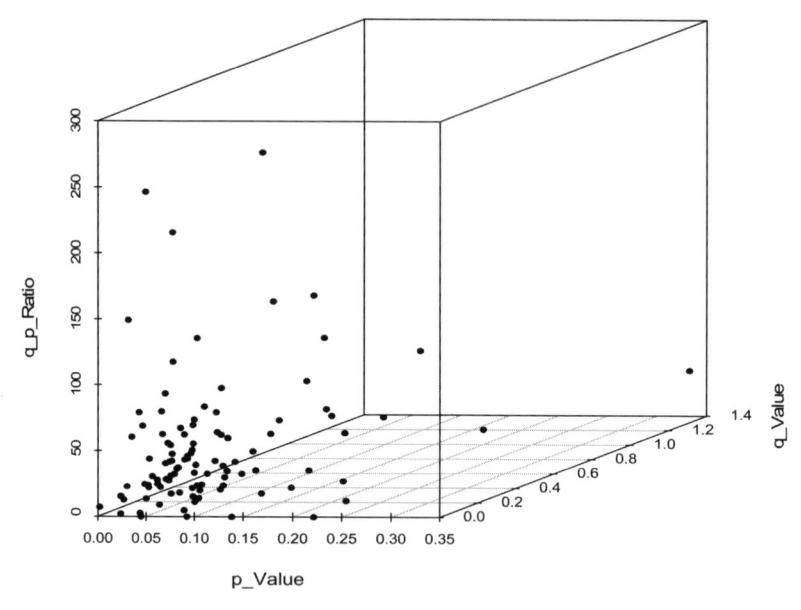

図 4.2 Bass モデルの過去事例パラメータ p, q および q/p ratio の散布図

4.6 基本 Bass モデルの計算システム

4.6.1 普及過程の「類似事例」選択

　ここでは，過去の「普及過程の事例」との類似性を，「主観的に判断する」タイプの Bass モデルの計算システムを紹介する．このシステムの開発には Scilab を用いている（実行ファイル名：Basic_Bass_Model_for_Mac8.sce）．

　図 4.3 は上記システムの実行初期画面である．過去の普及過程の「事例」グラフをパラメータ選択の参考にメニューとして表示している．

　表 4.2 は上記のグラフの過去事例（analogous products category）の詳細データである．

4.6 基本 Bass モデルの計算システム

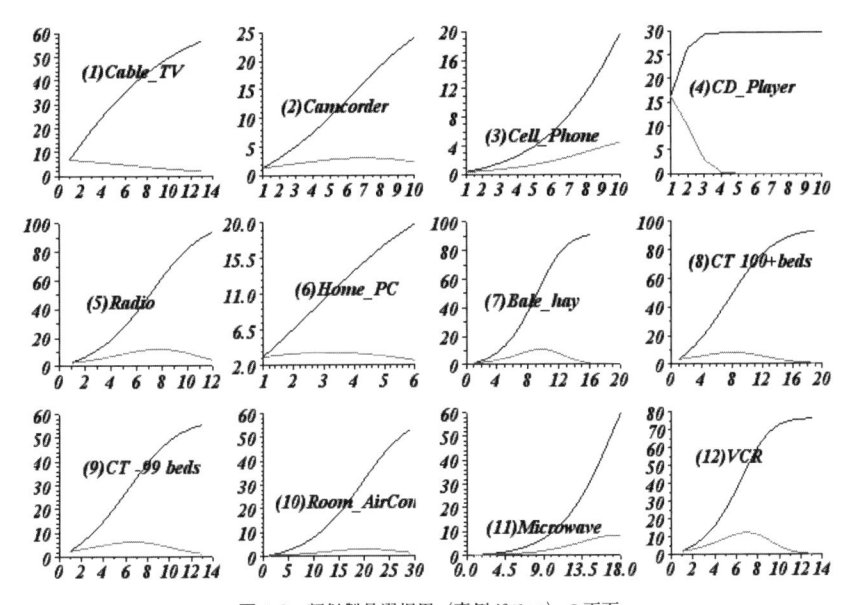

図 4.3 類似製品選択用〈事例グラフ〉の画面
The Basic Bass Model：Using analogous products parameters

表 4.2 過去事例の詳細データ

Parameters Products	p	q	q/p ratio	m (million)	$n(t)$
(1) Cable_TV	0.100	0.060	0.600	68.0	13.0
(2) Camcorder	0.044	0.304	6.909	30.5	10.0
(3) Cellular_phone	0.008	0.421	52.625	45.1	10.0
(4) CD_Player	0.550	0.378	0.687	29.6	10.0
(5) Radio	0.027	0.435	16.111	100.0	12.0
(6) Home_PC	0.121	0.281	2.322	25.8	6.0
(7) Bale_hay	0.013	0.455	35.000	92.2	16.0
(8) CT_scan_100+	0.036	0.268	7.444	95.0	19.0
(9) CT_scan-99beds	0.044	0.350	7.955	57.9	13.0
(10) Room_Air_Con	0.006	0.185	30.833	60.5	29.0
(11) Microwave	0.002	0.357	178.500	91.6	18.0
(12) VCR	0.025	0.603	24.120	76.3	13.0
Average	0.081	0.341	30.259	64.4	14.1
Average: across study	0.030	0.380			

(Lilien and Rangaswamy, 2004 ; p.259)

a. Analogous Products Model Approach

この事例グラフ（図4.3）中から，主観的に判断した「類似製品」の番号を選択すると（画面右下）パラメータが決定される．

表4.3と図4.5は（12）VCRを類似製品と「判断」して，そのパラメータを用いた普及予測の結果表とグラフである．

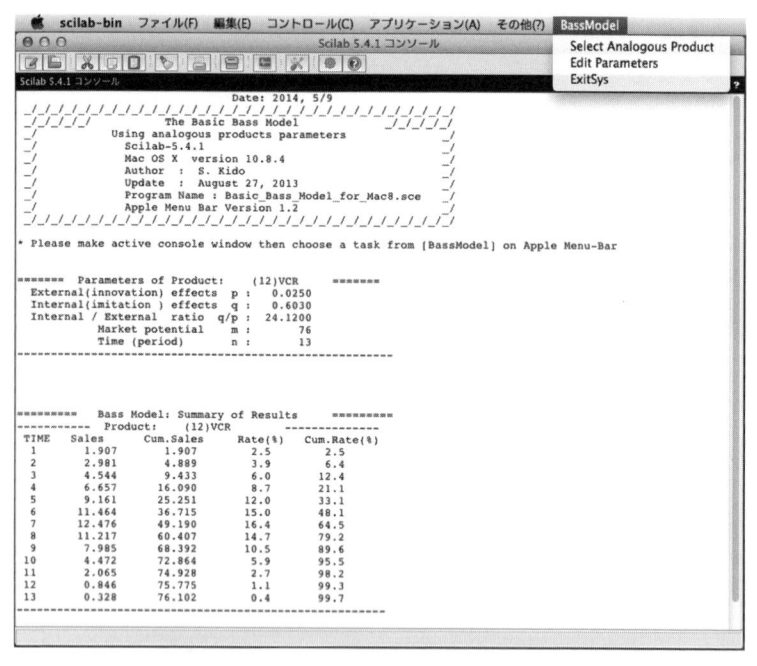

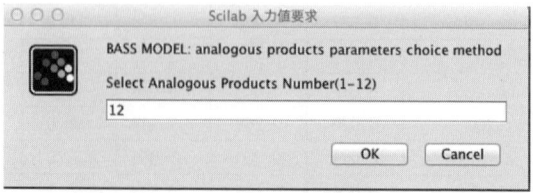

図 4.4 作業選択メニュー（上）と類似製品 No. 入力画面（下）

4.6 基本Bassモデルの計算システム

表 4.3 類似製品のパラメータを用いた普及予測の結果表

```
======== Parameters of Product:    (12)VCR    ========
  External(innovation) effects  p :    0.0250
  Internal(imitation ) effects  q :    0.6030
  Internal / External  ratio  q/p :   24.1200
            Market potential    m :      76
            Time (period)       n :      13
---------------------------------------------------------


========= Bass Model: Summary of Results   =========
----------- Product:    (12)VCR          --------------
  TIME    Sales     Cum.Sales    Rate(%)    Cum.Rate(%)
   1      1.907       1.907        2.5         2.5
   2      2.981       4.889        3.9         6.4
   3      4.544       9.433        6.0        12.4
   4      6.657      16.090        8.7        21.1
   5      9.161      25.251       12.0        33.1
   6     11.464      36.715       15.0        48.1
   7     12.476      49.190       16.4        64.5
   8     11.217      60.407       14.7        79.2
   9      7.985      68.392       10.5        89.6
  10      4.472      72.864        5.9        95.5
  11      2.065      74.928        2.7        98.2
  12      0.846      75.775        1.1        99.3
  13      0.328      76.102        0.4        99.7
---------------------------------------------------------
```

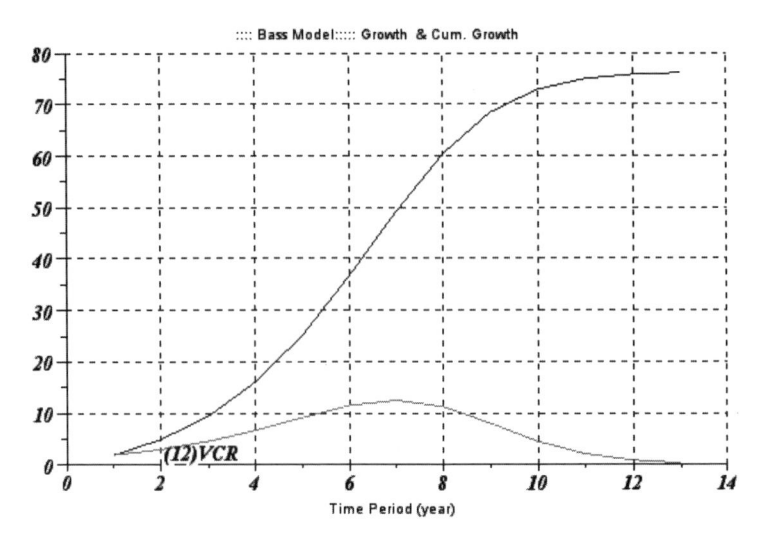

図 4.5 類似製品のパラメータを用いた普及予測の結果のグラフ

b. パラメータの編集（修正）

上記の初期計算後，市場規模，予測期間やパラメータ p, q の修正が可能である．このケースでは innovation effects p は 0.0250 に固定して，imitation effects q の値を 0.8000 に増加させて，Internal / External ratio q/p を 32.0000 に上げ，期間を 20 期にした場合の予測を行っている．

```
======= Parameters of Product:  My Product     =======
    External(innovation) effects  p :    0.0250
    Internal(imitation ) effects  q :    0.8000
    Internal / External  ratio  q/p :   32.0000
             Market potential    m :      100
             Time (period)       n :       20
---------------------------------------------------------
```

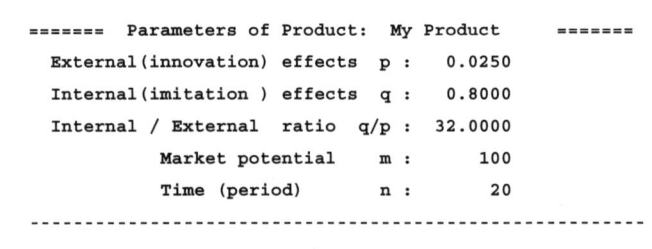

図 4.6 パラメータの編集（修正）

図 4.7 はパラメータ編集（修正）メニューである．コンソール画面をアクティブにすると，Scilab のメイン・メニューに [BassModel] メニューが表示される．[EditParameters] を選択するとパラメータの値が編集可能になる．

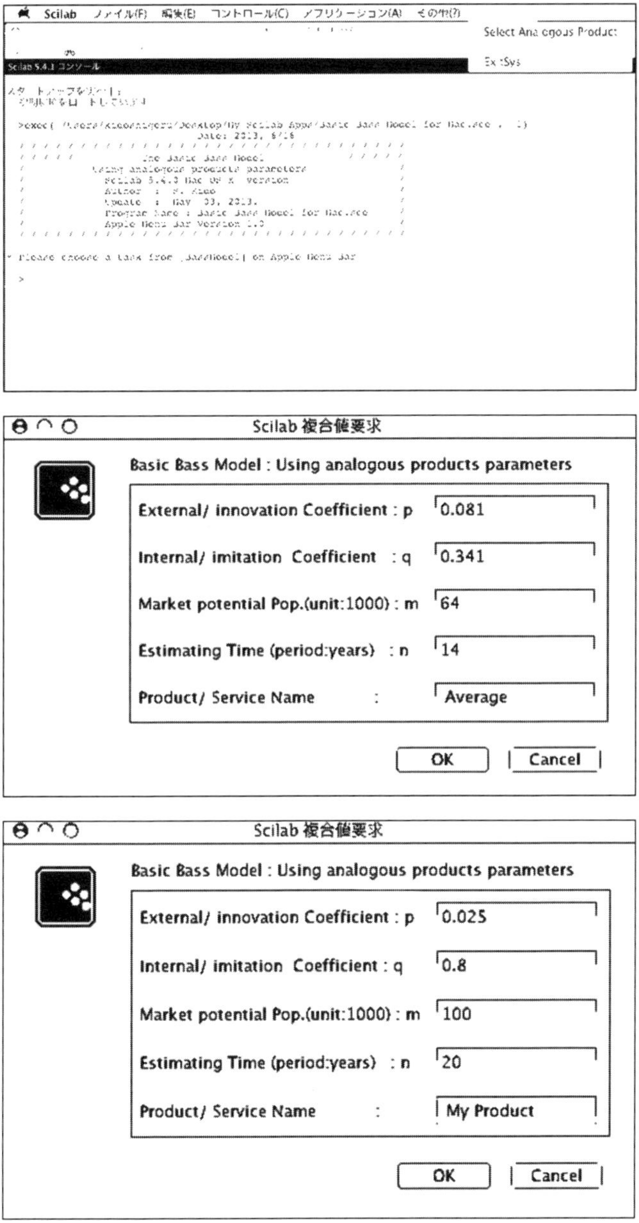

4.6 基本 Bass モデルの計算システム

図 4.7 パラメータ編集（修正）メニュー（上），パラメータ編集（デフォルト）画面（中），パラメータ修正後の画面（下）

表 4.4 と図 4.8 はパラメータ修正後の計算結果表とそのグラフである.

表 4.4 類似パラメータ修正後の計算結果表

```
=======  Parameters of Product:  My Product    =======
   External(innovation) effects  p :    0.0250
   Internal(imitation )  effects  q :    0.8000
   Internal / External  ratio  q/p :   32.0000
                Market potential  m :       100
                Time (period)     n :        20
---------------------------------------------------------


=========   Bass Model: Summary of Results    =========
-----------  Product:  My Product         --------------
  TIME   Sales       Cum.Sales     Rate(%)    Cum.Rate(%)
    1    2.500        2.500         2.5         2.5
    2    4.388        6.888         4.4         6.9
    3    7.458       14.346         7.5        14.3
    4   11.972       26.317        12.0        26.3
    5   17.355       43.673        17.4        43.7
    6   21.088       64.760        21.1        64.8
    7   19.138       83.898        19.1        83.9
    8   11.210       95.108        11.2        95.1
    9    3.844       98.952         3.8        99.0
   10    0.855       99.808         0.9        99.8
   11    0.158       99.966         0.2       100.0
   12    0.028       99.994         0.0       100.0
   13    0.005       99.999         0.0       100.0
   14    0.001      100.000         0.0       100.0
   15    0.000      100.000         0.0       100.0
   16    0.000      100.000         0.0       100.0
   17    0.000      100.000         0.0       100.0
   18    0.000      100.000         0.0       100.0
   19    0.000      100.000         0.0       100.0
   20    0.000      100.000         0.0       100.0
---------------------------------------------------------
```

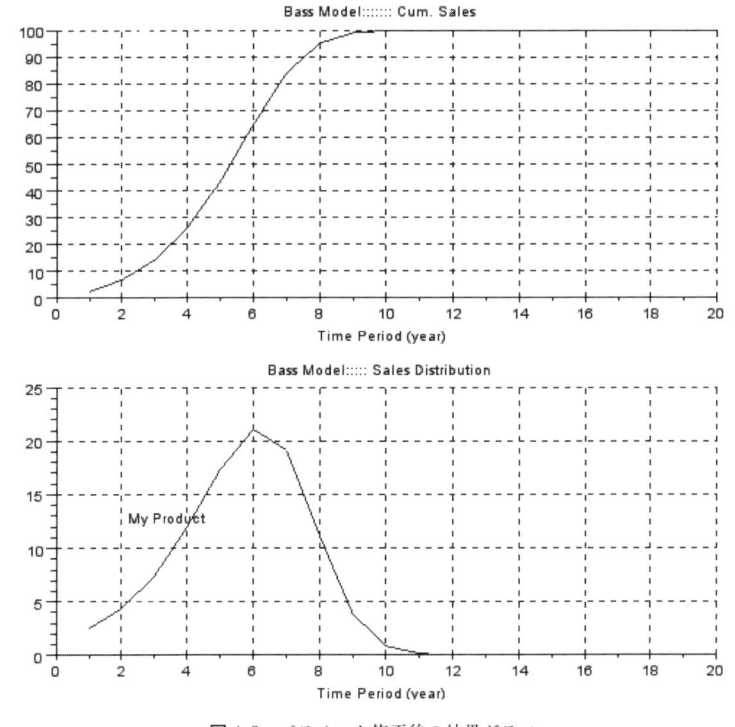

図4.8 パラメータ修正後の結果グラフ

　計算結果表とそのグラフでも明らかなように，類似製品よりも早い段階での成長，立ち上がりを「予測」する場合のシナリオとなっている．
　先にも触れたように，Bass モデルは，時系列のデータが十分にそろわない段階での「普及予測」のツールである．主観的かつ，論理的な判断のもとに複数のシナリオを用意して，「市場の成長予測」が行われる状況で活用できる消費者行動モデルである．

4.6.2　パラメータ p と q の感度分析

a.　External effect p が「敏感」

　図4.7のパラメータ編集（修正）メニュー [**EditParameters**] から，p の External effect と q の Internal effect の予測結果に対する「感度」を分析すること

ができる．図 4.9 は，デフォルトで設定されている "Average" の p の値を少しずつ（0.01 → 0.05）変化させた場合の比較のグラフである．普及率がかなり「敏感」に影響を受けることがわかる．図 4.10 は q の値を少しずつ（0.41 → 0.45）変化させた場合比較のグラフである．Internal effect q は相対的にインパクトが低い傾向を示している．

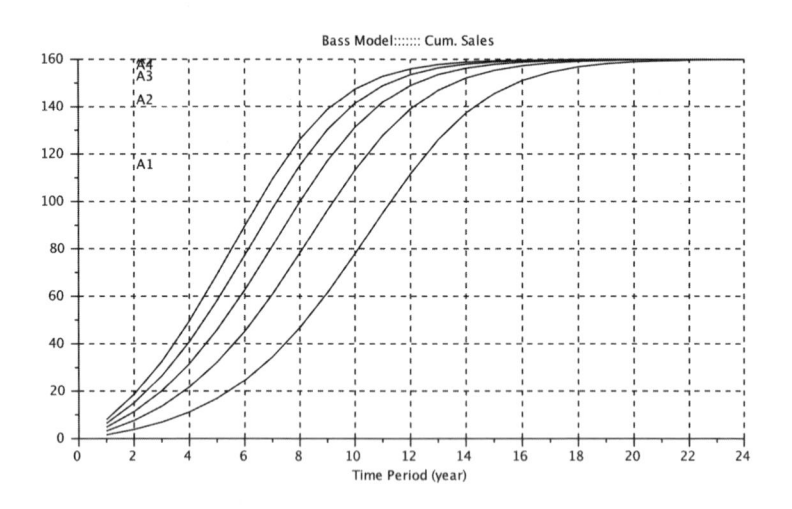

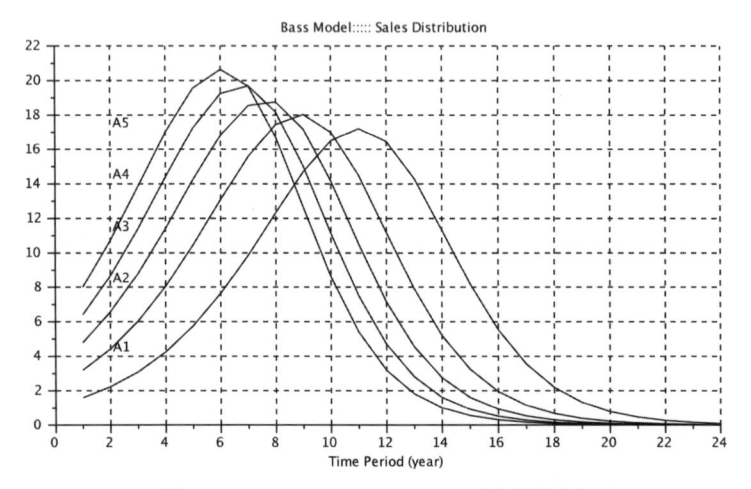

図 4.9 Bass モデルのパラメータ p の感度分析（1）
（p=0.01 → 0.05，q=0.41 固定）

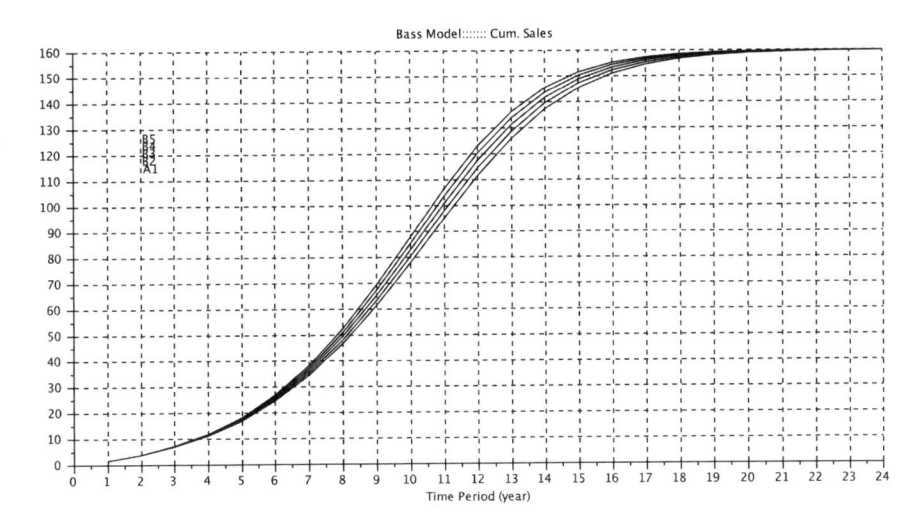

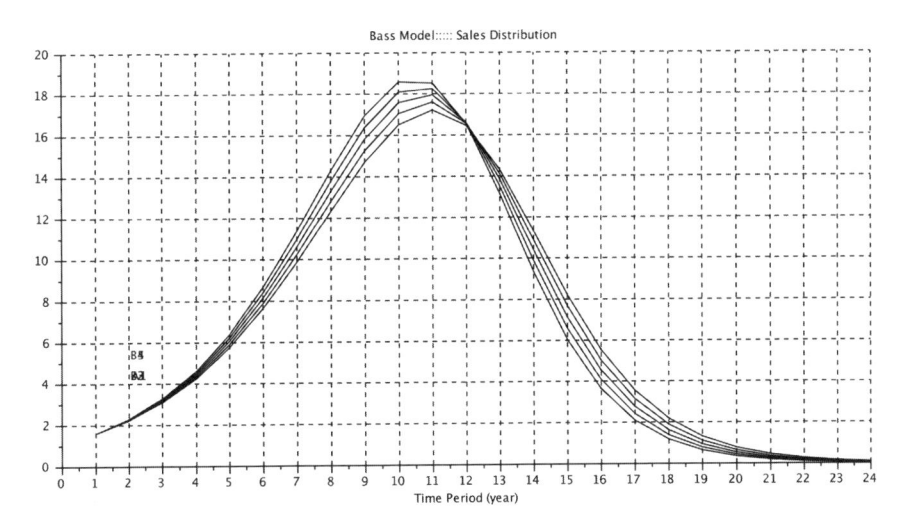

4.6 基本 Bass モデルの計算システム　　　　　　　　　　　　　　59

図 4.10 Bass モデルのパラメータ q の感度分析（2）
　　　　（$p=0.01$ 固定，$q=0.41 \rightarrow 0.45$）

4.7 事例研究（2）価格と広告に関する変数を組み入れた拡張モデル

4.7.1 一般化 Bass モデルへの拡張

一般化 Bass モデル（G-Bass Model：Generalizes Bass Model）は基本 Bass モデルに価格と広告に関する政策変数，price（Pr）と advertising（Adv）を組み入れて一般化した拡張モデルである（実行ファイル名：GBassModel-2.sce）.
基本 Bass モデルの 3 つのパラメータ p, q, m：

- p：Innovation effect. Measures the willingness to try a new product.
- q：Imitation effect. The effect of existing users causing others to buy the product.
- m：Target population size. The number that will/could eventually buy the product.

に加えて，この拡張モデルでは販売に関する価格効果と広告効果の 2 つのパラメータ $b1, b2$ を追加して 5 つのパラメータを実測データから推定（最適化計算）している.

- $b1$：the effect of price on sales,
- $b2$：the effect of advertising on sales.

(4.3), (4.4) 式は外挿変数 $X(t)$ を t とおくと，基本 Bass モデルは，G-Bass Model の特殊モデルであることを表している（Bass et al., 1994）.

$$S(t) = m \left(\frac{1 - \exp[-(X(t) - X(0))(p+q)]}{1 + \left(\frac{q}{p}\right)\exp[-(X(t) - X(0))(p+q)]} \right) \quad (4.3)$$

$$X(t) = t + b1 \mathrm{Ln} \frac{\mathrm{Pr}(t)}{\mathrm{Pr}(0)} + b2 \mathrm{Ln} \frac{\mathrm{Adv}(t)}{\mathrm{Adv}(0)} \quad (4.4)$$

4.7 事例研究 (2) 価格と広告に関する変数を組み入れた拡張モデル 61

表 4.5 一般化 Bass モデルの入力データ (Original model by Eren Ocakverdi)

Period T	Sales	Cumulative Sales	Price Pr(t)	Advertising Adv(t)	Mapping X(t)	Forecasts S(t)	Squared Error
0			1.0	5.0	0.0	0.0	
1	60.7	60.7	1.1	5.8	1.2	57.0	13.6
2	82.1	142.8	1.1	6.5	2.4	138.4	19.2
3	118.4	261.2	1.3	7.4	3.4	245.4	250.5
4	181.3	442.5	1.4	8.8	4.7	415.9	706.9
5	188.7	631.2	1.5	10.1	5.8	643.0	139.8
6	312.0	943.2	1.6	11.6	7.0	946.2	8.9
7	413.1	1356.3	1.7	13.9	8.3	1359.7	11.5
8	424.0	1780.3	1.9	16.1	9.4	1776.5	14.3
9	408.2	2188.5	2.3	18.1	10.4	2208.1	384.1
10	575.2	2763.7	2.3	21.5	11.7	2771.8	66.3
11	461.7	3225.4	2.8	25.6	12.8	3229.6	17.9
12	478.5	3703.9	2.8	29.4	14.1	3684.9	360.4
13	340.2	4044.1	3.4	32.8	15.0	3985.3	3456.5
14	190.5	4234.6	4.0	38.2	16.1	4248.0	180.5
15	224.0	4458.6	4.0	44.7	17.4	4482.9	591.2
16	104.1	4562.7	4.1	52.1	18.7	4645.8	6906.7
17	224.8	4787.5	4.5	61.6	19.9	4753.8	1137.7
18	69.5	4857.0	4.6	68.4	21.0	4825.2	1012.4
19	25.7	4882.7	4.9	78.5	22.2	4874.6	66.4
20	17.4	4900.1	5.4	89.0	23.3	4906.9	46.8

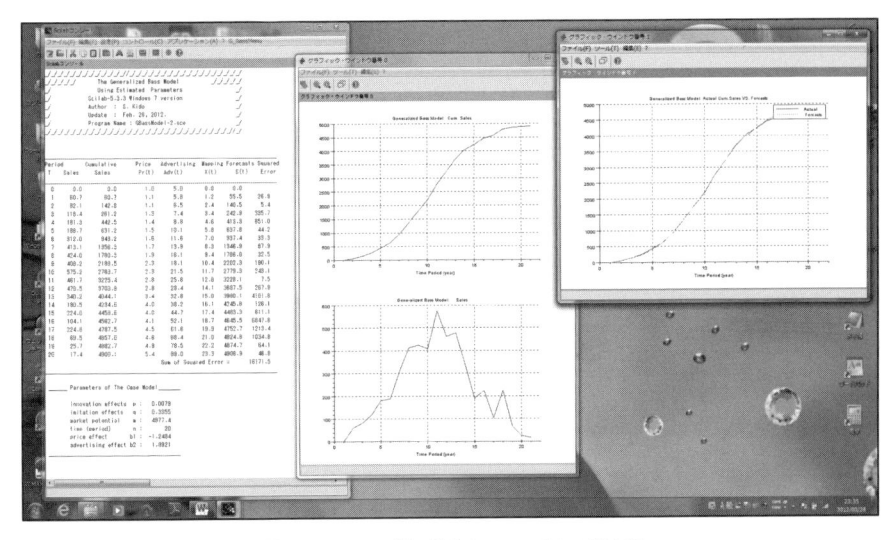

図 4.11 Scilab 版一般化 Bass モデルの出力例

表 4.6 パラメータ推定
（最適化計算）結果

Estimated Coefficients	
$b1 =$	-1.2484
$b2 =$	1.8921
$p =$	0.0079
$q =$	0.3355
$m =$	4977.5

図 4.12 Scilab 版一般化 Bass モデルのパラメータ修正入力画面

4.8 非線型回帰による基本 Bass モデルのパラメータ推定

製品やサービスの普及に関する過去の統計データが十分に整備されている場合，時系列分析や回帰分析の手法が用いられる．ここでは，普及曲線が既知である場合の基本 Bass モデル・パラメータの非線型回帰推定の事例を紹介する．

4.8.1 非線型回帰推定の R プログラム事例

VCR のアナログ推定システム（**Scilab** プログラム・ソース：Basic_Bass_Model_for_Mac.sce）の計算結果を入力データとして，R の非線型回帰関数 nls () による基本 Bass モデルのパラメータ推定した事例である（**R** プログラム・ソース：basic_bass_model-vcr.R）．

t 期の販売量（Sales）$S(t)$ は，最終的な市場規模（the ultimate market potential）m と t 期の普及率（the rate of change of adoption）$f(t)$ の積である．

$$S(t) = mf(t) \tag{4.5}$$

すなわち，

$$S(t) = \frac{(p+q)^2}{p} \frac{e^{-(p+q)t}}{\left(1 + \frac{q}{p} e^{-(p+q)t}\right)^2} \tag{4.6}$$

4.8 非線型回帰による基本 Bass モデルのパラメータ推定

で表すことができる (Bass, 1969).

a. R の Formula 表現

R スクリプトによる上記の関係式の Formula 表現は,
Sales~M*(((P+Q)^2/P)*exp(-(P+Q)*Tm))/(1+(Q/P)*exp(-(P+Q)*Tm))^2
となる.

計算に使用したデータは表 4.7 の Sales 欄の数値と R の非線型回帰関数 nls() に下記の初期値をセットした. 今回は初期値として p, q については Lilien & Rangaswamy (1998；Exhibit 7.9, p.201) の事例の平均値 (P=0.03, Q=0.38) を用い, m については Sales 欄の数値の累積値 (M=76) を用いてパラメータ推定を行った.

表 4.7　パラメータ推定計算に使用したデータ

```
========= Bass Model: Summary of Results  =========
Product:  (12)VCR
TIME      Sales      Cum.Sales  Rate(%)    Cum.Rate(%)
1         1.907      1.907      2.5        2.5
2         2.981      4.889      3.9        6.4
3         4.544      9.433      6.0        12.4
4         6.657      16.09      8.7        21.1
5         9.161      25.251     12.0       33.1
6         11.464     36.715     15.0       48.1
7         12.476     49.19      16.4       64.5
8         11.217     60.407     14.7       79.2
9         7.985      68.392     10.5       89.6
10        4.472      72.864     5.9        95.5
11        2.065      74.928     2.7        98.2
12        0.846      75.775     1.1        99.3
13        0.328      76.102     0.4        99.7
```

b. 非線型回帰推定の結果

非線型回帰関数 nls() による回帰推定の結果は表 4.8 の通りである.

入力データの m (market potential) は 76, p (coefficient of innovation) は 0.025, q (coefficient of imitation) は 0.603 であった. この事例では, 回帰推定パラメータの信頼性は非常に高いが p の値にやや乖離がみられる (0.025 vs.

0.009). 累積データで比較すると結果として，回帰モデルの結果がやや低めであるが，最終的には，ほとんど差のない値となっている（表 4.9；図 4.13）.

表 4.8 非線型回帰関数 nls() による回帰推定の結果

	Estimate	Std. Error	t value	Pr $(>|t|)$	Signif.
M	77.906313	2.262748	34.430	1.01e-11	***
P	0.009149	0.001204	7.598	1.84e-05	***
Q	0.625104	0.025263	24.743	2.66e-10	***

Signif. codes: 0 '***' 0.001 '**' 0.01 '*' 0.05 '.' 0.1 ' ' 1
Residual standard error: 0.6054 on 10 degrees of freedom

Sales per period

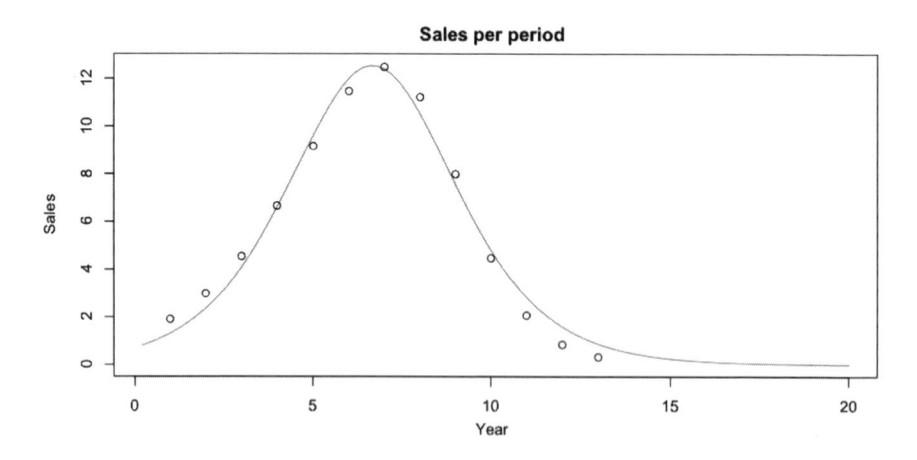

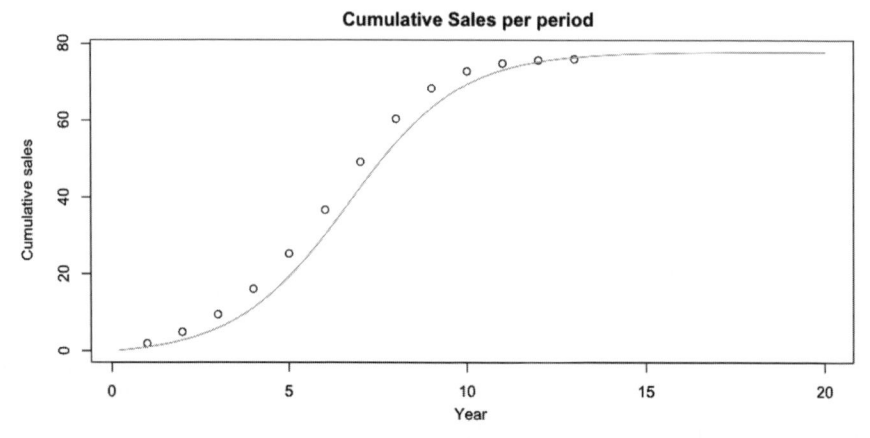

Cumulative Sales per period

図 4.13 アナログ推定モデルと非線型回帰モデルの結果の比較
Case Data：VCR 1980–1994（Lilien & Rangaswamy 1998, Exhibit 7.9, p.201）

4.9 事例研究（3）電気自動車等（EV・PHV）の普及予測　　　　　　　　65

表 4.9　入力データ（アナログ推定モデル）と回帰推定の結果の比較

時点	入力データ	回帰推定結果
1	1.907	0.9826873
2	4.889	2.7697780
3	9.433	5.9231172
4	16.090	11.2018213
5	25.251	19.3050139
6	36.715	30.2266352
7	49.190	42.6252729
8	60.407	54.2330938
9	68.392	63.2966964
10	72.864	69.4218797
11	74.928	73.1678797
12	75.775	75.3205739
13	76.102	76.5136177

4.9　事例研究（3）電気自動車等（EV・PHV）の普及予測

日本での電気自動車（EV）やプラグイン・ハイブリッド自動車（PHV）の普及に関する予測を，基本 Bass モデルと指数関数モデルを適用した事例で紹介する．モデルのパラメータの推定および予測に用いる実測データは，一般社団法人次世代自動車振興センターによる推計（表 4.10）である．

表 4.10　電気自動車等販売台数統計［単位：台］

年　度	2005	2006	2007	2008	2009	2010	2011
電気自動車合計	64,940	91,614	91,691	113,741	456,187	458,556	653,687

4.9.1　Bass モデルによる予測

表 4.10 の 2005～2011 年（7 年間）の EV と PHV の販売台数統計データから，2025 年（20 年間）までの累積販売台数の基本 Bass モデルによる予測を試みた．図 4.14 は年次別販売台数とその累積台数の予測結果のグラフである．表 4.11 の結果からは，2025 年で 3,929,077,000 台の予測値となっている[注2]．表 4.10 の販

売実績データに対する非線型回帰（R の nls 関数）で求めた基本 Bass モデルのパラメータの値が表 4.11 である。

q/p ratio は $0.668/0.00417 = 160.2$ と，非常に大きく，普及初期の革新的な製品カテゴリーにみられる値である（Mahajan, 1990）（実行ファイル名：Bass_Model_for_EV-cars（20yrs）3.R）。

表 4.11　基本 Bass モデルのパラメータ推定値

Parameters	Estimate	Std.Error	t value	Pr（＞$\|t\|$）
M	3.93E＋03	2.23E＋03	1.764	0.1526
P	4.17E－03	2.76E－03	1.51	0.2055
Q	6.68E－01	2.46E－01	2.715	0.0532

表 4.12　基本 Bass モデルの予測結果［単位：1000 台］

Case: Diffusion of E-cars by R (nls) function

Year	Actual	Cum. Adopters	New Adopters
2005	64.940	23.206	31.689
2006	91.614	67.885	60.673
2007	91.691	152.522	113.716
2008	113.741	308.031	204.824
2009	456.187	578.354	343.622
2010	458.556	1005.920	512.409
2011	653.687	1590.605	642.568
2012		2249.095	649.937
2013		2846.569	529.004
2014		3291.328	360.149
2015		3576.017	216.747
2016		3741.036	121.005
2017		3831.235	64.757
2018		3878.960	33.877
2019		3903.778	17.512
2020		3916.568	8.997
2021		3923.128	4.607
2022		3926.485	2.356
2024		3928.201	1.203
2025		3929.077	0.615

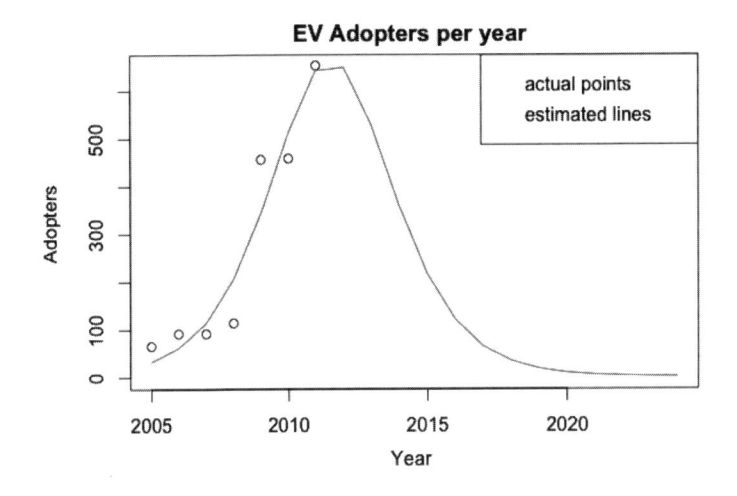

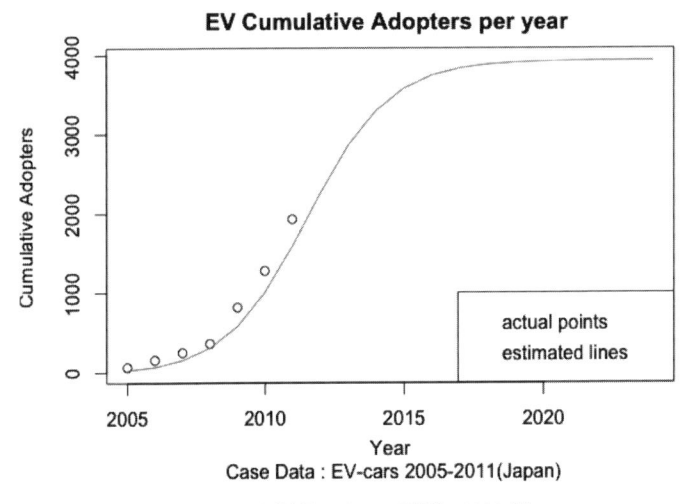

4.9 事例研究 (3) 電気自動車等 (EV・PHV) の普及予測　　67

図 4.14 予測結果のグラフ［単位：1000 台］

4.9.2 指数関数モデルによる予測

表 4.7 の 2005〜2011 年の EV と PHV の販売台数統計データから，2025 年までの累積販売台数の指数関数モデルによる推計を試みた．表 4.13 は指数関数モデルのパラメータ値とモデルによる推計の結果である．

表 4.13 指数関数モデルによる推計結果

```
Parameters of Model
  a :   734.7378
  b :     8.4054
  c :     3.9296

 TIME     Actual    Estimated   Cumulative
   1      64.940      21.077       21.077
   2      91.614      51.550       72.627
   3      91.691     110.763      183.390
   4     113.741     209.081      392.471
   5     456.187     346.725      739.196
   6     458.556     505.136     1244.332
   7     653.687     646.522     1890.854
   8       0.000     726.959     2617.814
   9       0.000     718.107     3335.921
  10       0.000     623.190     3959.110
  11       0.000     475.120     4434.230
  12       0.000     318.228     4752.458
  13       0.000     187.252     4939.710
  14       0.000      96.798     5036.507
  15       0.000      43.960     5080.467
  16       0.000      17.539     5098.006
  17       0.000       6.147     5104.153
  18       0.000       1.893     5106.046
  19       0.000       0.512     5106.558
  20       0.000       0.122     5106.680
```

2025年で5,106,680,000台の予測値となっている.

関数式は Y=a＊exp(－((X－b)/c)^2 を用い,Scilab の lsqrsolve 関数による非線型回帰を行った(実行ファイル名:lsqrsolver13.sce).

図 4.15 は年次別販売台数,図 4.16 はその累積台数のグラフを合成したものである.

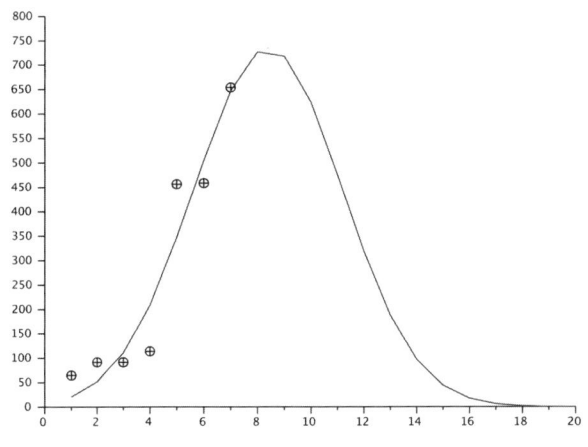

4.9 事例研究（3）電気自動車等（EV・PHV）の普及予測　　　69

図 4.15　指数関数モデルによる年次別販売台数のグラフ

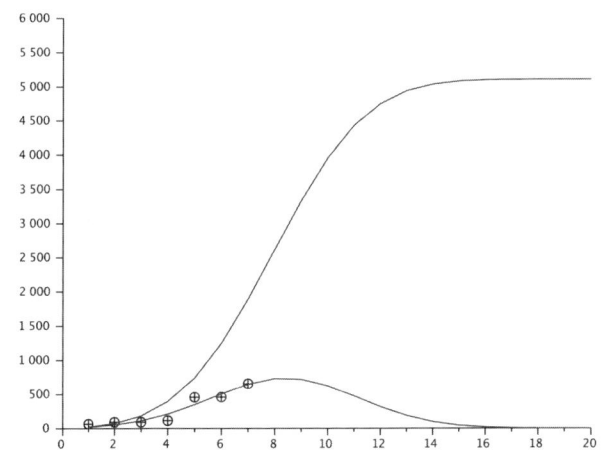

図 4.16　指数関数モデルによる年次別販売台数と累積台数のグラフ

■ 注

(1) http://faculty.washington.edu/jdods/pdf/MktgTool_Bass.pdf
(2) 電気自動車（EV）の 2030 年の世界市場規模が 307 万台にとどまるとの見通しを富士経済が立てていることがわかった．昨年の予測では 1300 万台を超えるとしていたが，昨年の予測に比べ 77.7% と大幅に下方修正した（2013 年 3 月）．

5. 消費者行動のマクロ・モデル

> 本章では心理変数を組み込んだマクロ・モデルによる「政策実験（シミュレーション）」をシステム・ダイナミックスの手法で実施している．事例研究として，消費者の「心」のトレンドを考慮した人口シミュレーション・モデルと，心理的要因を考慮したマクロ経済シミュレーション・モデルを紹介している．

5.1 心理変数を組み込んだマクロ・モデルによる「政策実験」

　消費者の「心」のトレンドが，「社会」（市場・経済）の変化に大きく影響していることを「政策実験」的に検証する．すなわち，「社会の精神（心理）状態の変化が原因となって人口数の変化やGDPなどの経済状態の変化を結果として引き起こす」，というマクロ・レベルの消費者行動モデルの作業仮説の検証である．

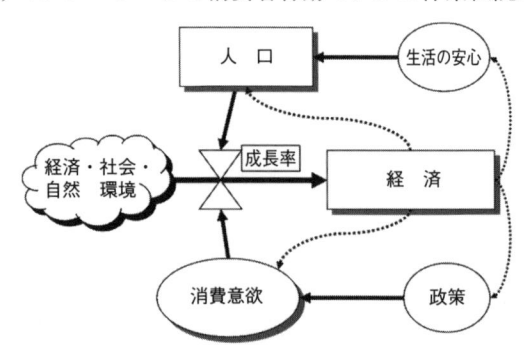

図5.1　心理的要因を考慮した人口・経済に関する因果モデル

5.1.1　なぜシステム・ダイナミックスなのか

　「市場・経済・社会」のマクロ・レベルの指標の変化と，消費者の心理的変化の

トレンドとの因果関係について，システム・ダイナミックス（SD）によるアプローチを試みた．ここでは，「仮説」として消費者の「心」のトレンドが「市場・経済・社会」の変化に大きく影響し，「市場・経済・社会」の変化が消費者の「心」のトレンドに大きく影響しているという，フィードバック・ループ型の因果関係を想定したモデル構築を行っている．本来，SD は時間変化や時系列変化を軸にした動的な相互作用モデルのシミュレーションに向いた手法である．

仮説モデルの出発点となる原因系に消費者の「心」のトレンド，時系列変化を置くか，「市場・経済・社会」の変化を原因系に置くかは大きな問題ではない．SD は原因と結果の相互作用そのものがシステムの基本的な構造的ロジックである．この点が SD がシミュレーションに向いたモデル構築手法であることを示している．さらに，マクロ・モデルに心理変数を組み込むことが比較的簡単かつ直感的に可能な点が SD の特徴でもある．

5.2 「基本」の人口モデル

図 5.2 は最も単純な人口問題のシミュレーション・モデルの例である．この図は，将来の人口数は，現在の人口数に出生数から死亡数を差し引いた「増減」数を加えた値であることを表現している．さらに，出生数と死亡数はそれぞれ出生率と死亡率という，変数の変化に規定されていることをモデルの例は表現している．

将来人口数＝現在人口数＋（出生数－死亡数）

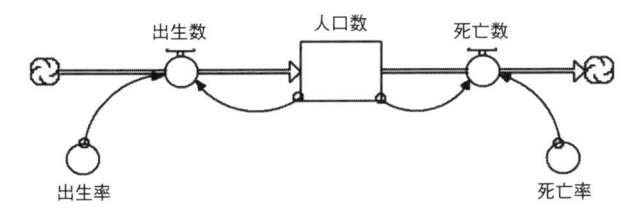

図 5.2 人口数の増減に関するシステム・ダイナミックスを用いた基本モデル

人口問題は，食料問題とともに「地球」規模の問題として国連のプロジェクトとして 1970 年代にシステム・ダイナミックスによるアプローチが試みられている．国連の委託を受けたローマ・クラブの研究報告書が有名な『成長の限界』である．その後も MIT の研究チームを中心にモデルの拡張，改訂がされ報告書が

公表されている．World3-Model として SD モデルのソース・コードが入手可能である．2012 年には，『成長の限界ローマ・クラブ「人類の危機」レポート』（1972 年）を受け継ぎ，『成長の限界』の著者の一人であるヨルゲン・ランダースが『2052：今後 40 年のグローバル予測』を発表した．ここでは，21 世紀の警告書として経済，環境，エネルギー，政治など 30 以上の分野にわたる世界のキー・パーソンの観測を踏まえて，今後の 40 年間の予測を「最も実現確率の高い近未来」としてまとめている．

5.3 人口予測モデル

日本の場合，「市場・経済・社会」のマクロ・レベルの変化の中で，将来的に最も重大であると誰しも考えるのは人口の減少である．その背景にある，「人口問題」の構造上の原因は何か．出生率と死亡率の変化（低下），すなわち少子化，高齢化である．もっと厳密にいうと少子化，高齢化の予測値である．この予測値のもとになっているのは，時系列の統計データをもとにした人口予測モデルによる「推計」である．この将来推計データをみる限り少子化，高齢化を止めるすべはないというのが大方の「専門家」や行政側の見解である[注1]．

この見解についての異論（藻谷，2010）もいくつかある．そもそも将来人口の減少の最大原因は少子化である．この少子化の「原因」指標は「合計特殊出生率」の低下である．合計特殊出生率は妊娠可能な女性が生涯で出産する子供の数である．つまり妊娠可能な女性が子供を生まなくなったことが，日本の人口減少の大きな原因であると考えられている．なぜ日本の女性は子供を生まなくなったのか，その原因は何か．「市場・経済・社会」に「環境」を加えた各分野（セクター）に原因があり，それらが相互に関係し合っていることは確かである．その相互作用的因果ループの結果，日本の女性は子供を沢山（3 人以上）生まなくなったと考えられる．現状の日本では，女性は安心して沢山の子供を産み育てられないと「感じている」と推測できる．

消費者の「心」のトレンド，特に女性の「心」の動向に注目する必要がある．

5.3.1 時系列変化のデータ

消費者の「心」のトレンド・データは統計数理研究所「日本人の国民性調査」の1958〜2008年データ[注2]を用い,「市場・経済・社会」の時系列変化データとしては,人口統計とGDP統計を用いる.

5.4 事例研究 (1) 心理変数を組み込んだ人口予測モデル

図5.2で示した人口数の増減に関する基本モデルに,消費者の「心」のトレンドを加味した人口予測モデルを構築する.

5.4.1 消費者の「心」のトレンド:日本人の「自信喪失」

以下の文章は統計数理研究所の日本人の国民性調査レポート (2013年) よりの抜粋である.

『過去20数年間の日本人の意識で最も顕著な変化は,1993年から1998年の間に起きた「社会に対する悲観的な見方」の急速な浸透であり,それは日本人の「自信喪失」ともいえる現象である』.

消費者の「心」のトレンドの1番目の注目点は,低迷を続ける「日本経済への評価」にみえる日本人の「自信喪失」である.図5.3は日本の社会経済状況に関する4つの評価項目,「生活水準」「経済力」「社会満足」「生活水準変化」の時系列の推移をグラフにしたものである.日本の社会経済状況に関する主要4評価項目すべてが1980年代後半から「ダウン・トレンド」である.

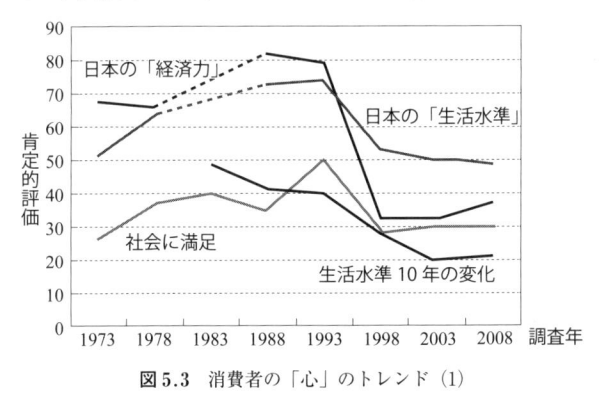

図5.3 消費者の「心」のトレンド (1)

5.4.2 心理的要因を考慮した人口シミュレーション・モデル

将来の人口数は現在の人口数に出生数から死亡数を差し引いた「増減」数を加えた値である．単純化すると，「出生率」と「死亡率」に影響を与える「要因」を特定できれば，将来人口の予測は可能である．問題はこの「影響要因」の測定可能性と操作可能性である．以下は消費者行動論の観点から日本の将来人口の「現状維持」または，「増加」させるための「政策変数」としての消費者心理変数の変化の方向性と，その量的な「トレンド」を「シナリオ」シミュレーションした結果である．

図5.4は心理的要因を考慮した人口数の増減に関するシミュレーション・モデルのフロー・ダイヤグラムである（シミュレーション実行ファイル（STELLA MODEL for Windows7）：POP-Model-12.STM）．

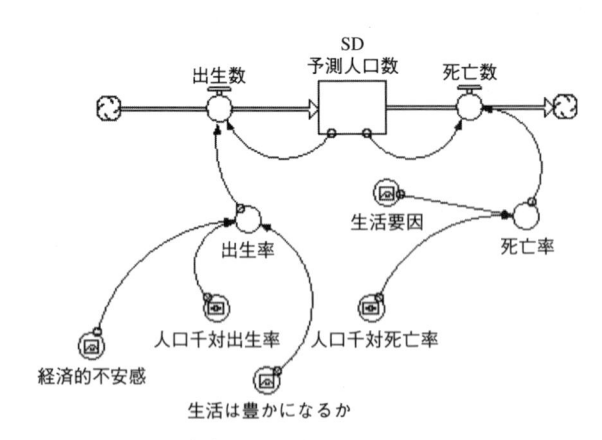

図5.4 心理的要因を考慮した人口数に関するシミュレーション・モデル

a. 心理的影響要因に関する「仮説」

この人口モデルでは仮説として，「出生率は将来生活に対する国民の漠然とした不安感が大きく影響している」と想定している．この仮説に最も近い消費者心理変数の変化のトレンド・データとして，このモデルでは，先に引用した統計数理研究所の日本人の国民性調査の「経済的不安感」と「生活は豊かになるか」の2項目の時系列データを用いている．

b. 現状維持シナリオの場合：人口減少の傾向は続く

図5.5は「現状維持」を条件とした場合の消費者心理変数のトレンドを2050年まで設定したものである．具体的には「経済的不安感」の継続傾向と「生活は豊かになるか」の項目の減少傾向が，2020年以降はやや減速はするが継続するという「現状維持シナリオ」である．

このモデルの設定条件を「ベース・ラン」としてシミュレーションをした結果は，図5.6のグラフのように2015年を底に「出生数」が一時的に回復はするものの，人口減少の傾向は続くというものである．

c. 楽観的シナリオの場合：人口数の維持が可能

一方，楽観シナリオ（図5.7）では2015年から「経済的不安感」が解消に向かい，かなりのペースで「生活は豊かになる」という条件設定をした．結果は図5.8のように出生数が増加し，人口の減少に歯止めがかかり，2050年まで2010年代の人口水準を維持できるというものである．具体的なトレンドのパターンは「経済的不安感」を感じる人が2050年にはゼロに近づき，一方「生活は豊かになるか」の質問に，「はい」の人の割合が2050年には50%に近づくという「シナリオ」である．このシミュレーションからの知見は，将来生活に対する国民の漠然とした不安感を積極的に払拭できれば，出生数の回復に伴う人口数の維持が可能であることが予測されることである．

5. 消費者行動のマクロ・モデル

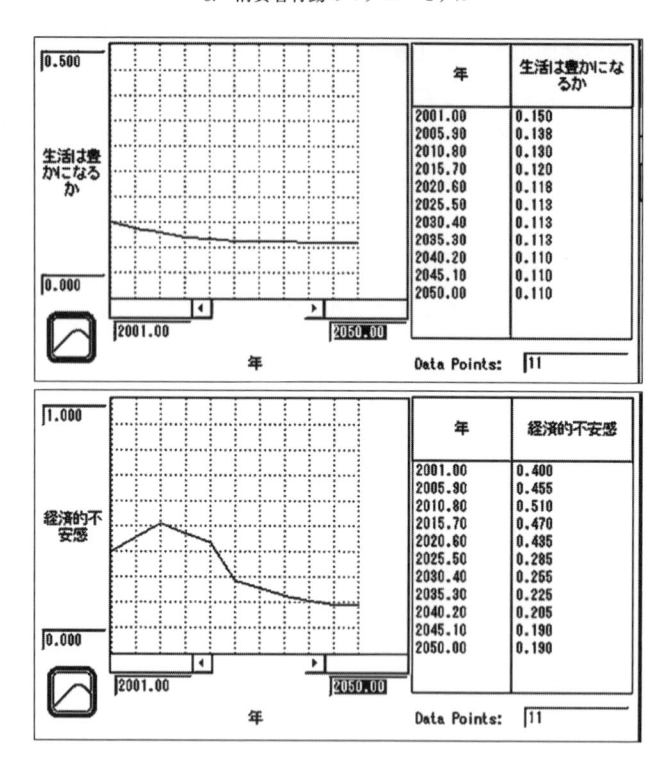

年	生活は豊かになるか
2001.00	0.150
2005.90	0.138
2010.80	0.130
2015.70	0.120
2020.60	0.118
2025.50	0.113
2030.40	0.113
2035.30	0.113
2040.20	0.110
2045.10	0.110
2050.00	0.110

年	経済的不安感
2001.00	0.400
2005.90	0.455
2010.80	0.510
2015.70	0.470
2020.60	0.435
2025.50	0.285
2030.40	0.255
2035.30	0.225
2040.20	0.205
2045.10	0.190
2050.00	0.190

図 5.5 ベース・ラン（現状維持）のトレンド・データ

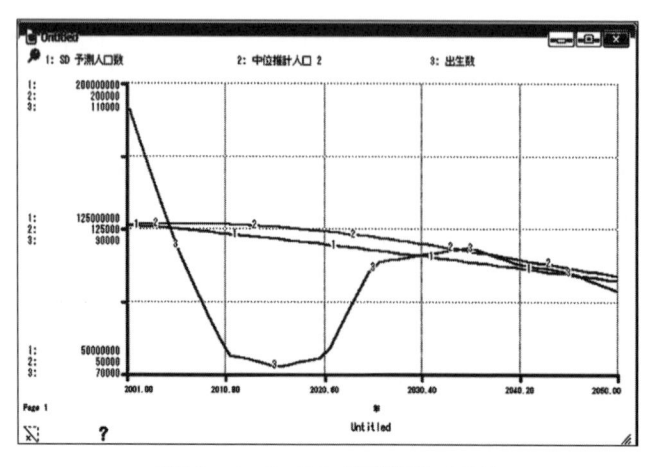

図 5.6 ベース・ラン（現状維持）の結果

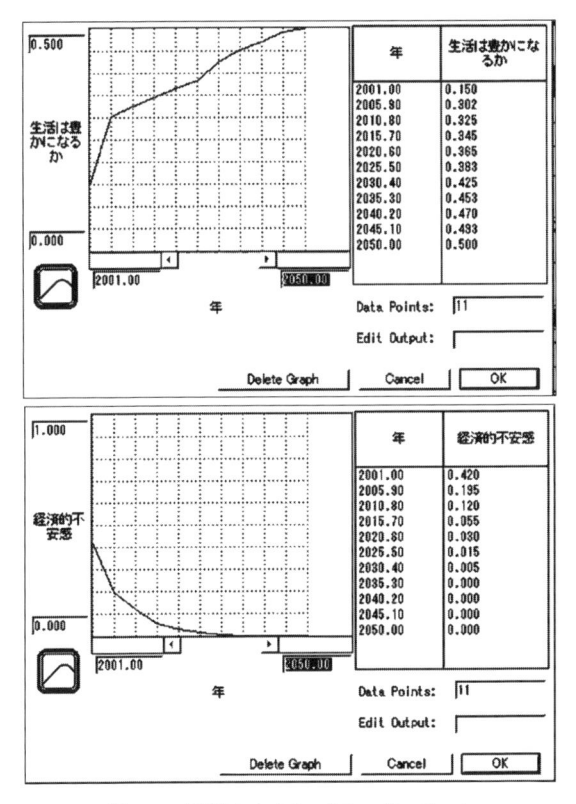

5.4 事例研究（1）心理変数を組み込んだ人口予測モデル

図 5.7 楽観的シナリオのトレンド・データ

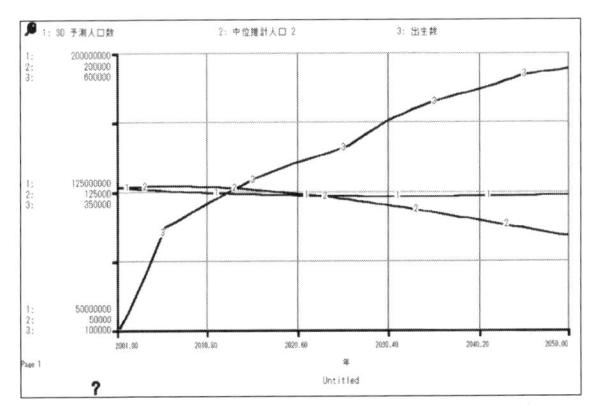

図 5.8 楽観的シナリオのシミュレーション結果

5.5 「基本」のマクロ経済モデル

国内総生産（GDP：Gross Domestic Product）とは，一定期間内に国内で産み出された付加価値の総額．ストックに対するフローを表す指標であり，経済を総合的に把握する統計である国民経済計算の中の一指標である．GDPの伸び率が経済成長率にあたる．

5.5.1 GDPと人口の関係

図5.9は1985～2009年の人口数の推移とGDPの変化をグラフにしたものである．総人口数のトレンドが横ばいであるのに対してGDPの水準は年々，緩やかな上昇傾向にあることがわかる．したがってGDPの変化と総人口数の推移との間には際立った関係があるとはいえないことが読み取れる．しかしながら，直感的には人口の構成や動態の変化とGDPとの間には何らかの関係があるのではないかという「仮説」が想定される．特に女性の「労働人口」の変化に着目した因果関係が成立するのではないかという観点からの分析事例を紹介する．

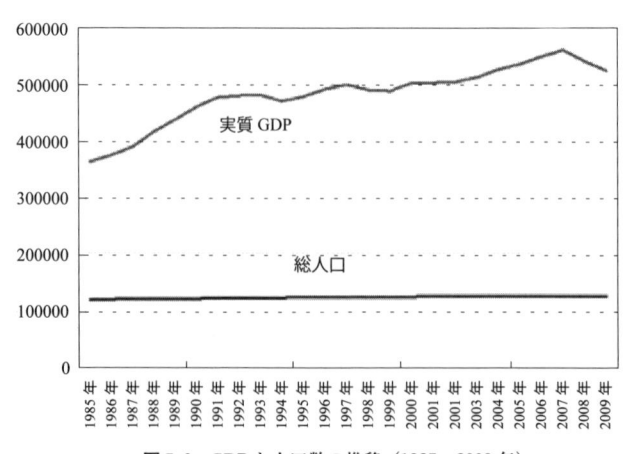

図5.9 GDPと人口数の推移（1985～2009年）

5.6 GDP の規定要因に関するパス解析

図 5.10 は，人口と GDP との関係を，女性の「労働人口」（女性 15〜64 歳労働率）の変化と，女性 1 人当たりの生涯出産人数（合計特殊出生率）の変化を媒介変数に組み入れて因果モデル化したものである．単純な図 5.9 のグラフからはみえてこない「因果関係」が存在することを示唆する結果が得られた．

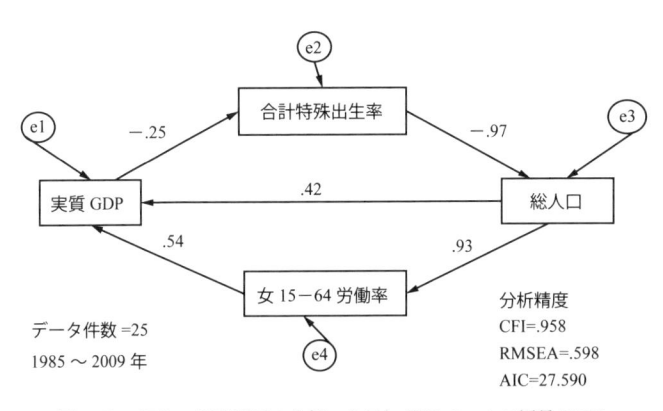

図 5.10 GDP の規定要因の分析：人口と GDP のマクロ因果モデル

5.6.1 GDP は女性の就労環境の変化に規定される

分析データは図 5.9 のグラフと同じ 1985〜2009 年の 25 年の時系列である．このモデルの特徴は回帰的にループする因果モデルになっていることである．モデルの上部のループは，実質 GDP のプラス変化は「合計特殊出生率」を低下させ，総人口の減少につながるという一見常識とは異なる結果となっている．これは，分析期間中の日本の実質 GDP が増加し，合計特殊出生率が一貫して下降する中，人口数の減少はなく，横ばいであったことを反映したものと解釈できる．一方で，女性の 15〜64 歳労働率の増加は GDP にプラスに働いていることを示す常識的結果となっている．結果的に人口から GDP へのパス係数は 0.42 あり，かなり関係が深いことを示している．

ただし，このモデルの適合度の指標 CFI は 0.95 ではあるが，RMSEA は 0.59 で，総合的に分析精度はよくない．

5.7 事例研究 (2) 心理変数を組み込んだ GDP 予測モデル

5.7.1 マクロ経済モデルによる GDP のシミュレーション

図 5.11 は GDP が「総需要」に規定され，総需要は政府の「財政支出」と「投資」「消費」に規定され，消費は「所得」に規定されるという，典型的なマクロ経済シミュレーション・モデルをシステム・ダイナミックスのフロー・ダイヤグラムで表現したものである．

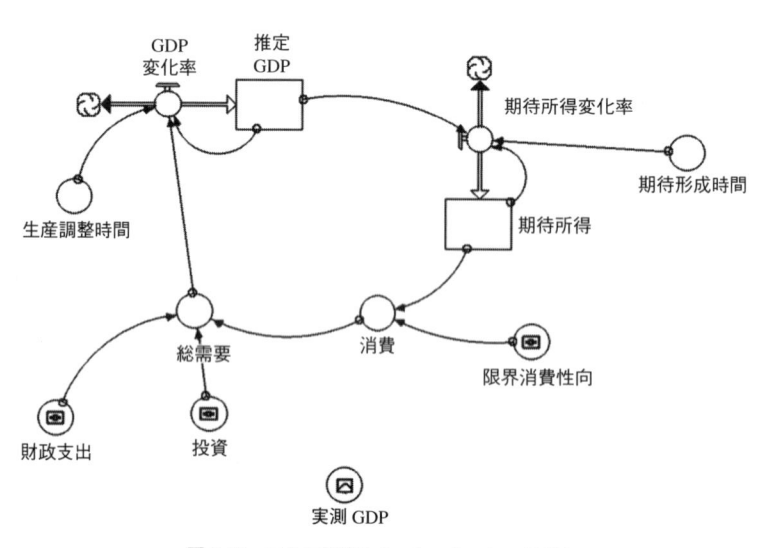

図 5.11 マクロ経済シミュレーション・モデル

5.7.2 マクロ経済モデルのシミュレーション結果

図 5.12 は実測とシミュレーション結果の比較である．グラフの「1」はマクロ・モデルによる推定値（理論値）で，「2」の線は実測の GDP の変化である．モデルは各年度の変動を平滑化したような推定値を示している．特に，2007 年の突出したピークとその後の下落を上記の典型的なマクロ・モデルでは再現できないことがわかる．

5.7 事例研究 (2) 心理変数を組み込んだ GDP 予測モデル　　　　　　　　　　　　　　81

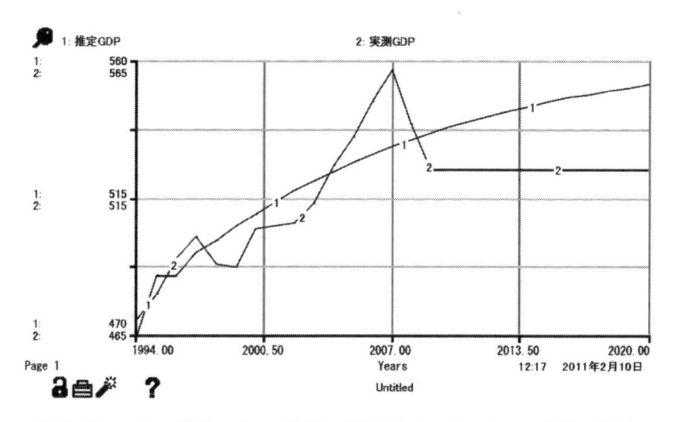

図 5.12　マクロ経済モデルの検証：実測とシミュレーション結果の比較

5.7.3　心理的要因を考慮したマクロ経済シミュレーション・モデル

図 5.13 は心理的要因を考慮したマクロ経済シミュレーション・モデルのフロー・ダイヤグラムである．前項で試みた典型的なマクロ・モデルによるシミュレーション結果と実測の GDP との比較からも明らかなように，理論値としての予測が大幅に狂うことが明白である．以下のマクロ・シミュレーション・モデルでは心理的要因を考慮することによって，実測の GDP の変動に近づけることが可能であることを示す．このモデルでは，「消費者心理傾向」が「消費」の要因（変数）に直接影響を及ぼすと仮定したモデルとなっている．かなり抽象度の高いトレンド・データであることは否めない．モデルの調整（キャリブレーション）段階では，実測の GDP の変化傾向にフィットさせるために図 5.14 のような消費者の心理傾向を表すトレンド・データを作成した（シミュレーション実行ファイル（STELLA MODEL for Windows7）：**GDP 予測モデル 202.STM**）．

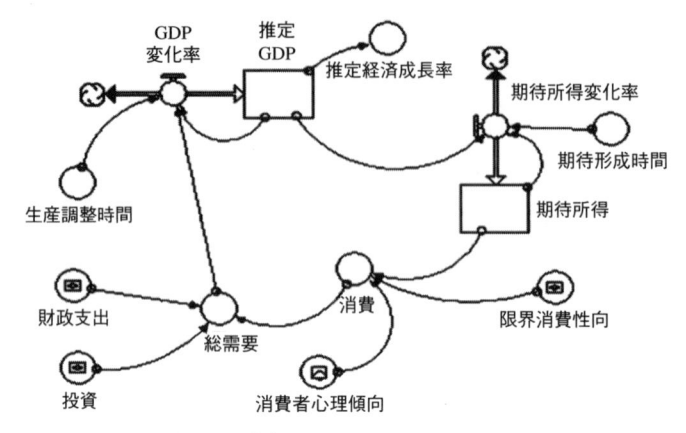

図 5.13 心理的要因を考慮したマクロ経済シミュレーション・モデル

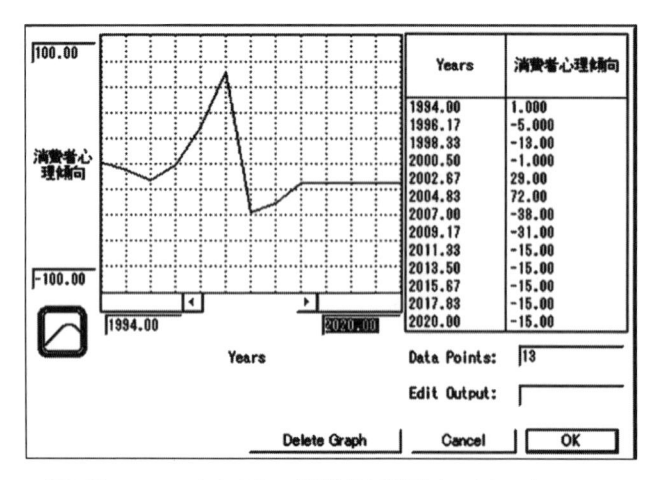

図 5.14 ベース・シナリオの「消費者心理傾向」のトレンド・データ

a. ベースラン：現状追認型「ネガティブ・シナリオ」

ここでは「ベース・ラン」の条件として2005年以降，「消費者心理傾向」が急速に「ネガティブ」な方向に進むという「シナリオ」を設定した．ただし，具体的なネガティブな心理的要因の内容は考慮されていない．

図5.15が過去の傾向を反映した現状追認型のベース・ランの結果である．非常に当てはまりのいいモデルであることがわかる．

5.7 事例研究（2）心理変数を組み込んだGDP予測モデル　　　83

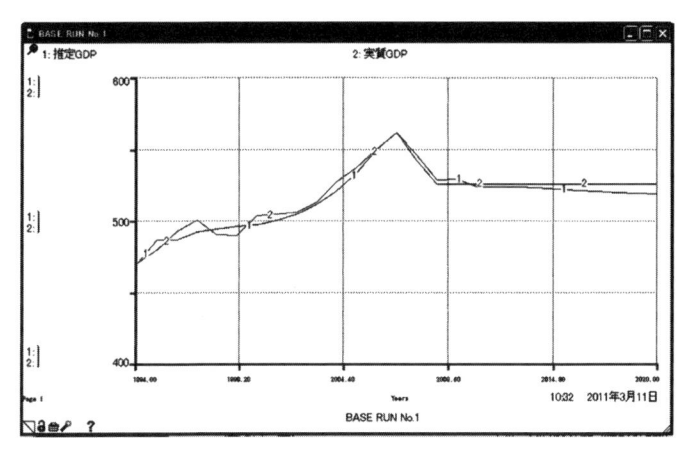

図 5.15　ベース・シナリオのシミュレーション結果

b. 楽観的シナリオの設定

上記のベース・ランの結果から，「心理的要因」が「GDPモデル」に対する感度が非常に高いことがわかる．このことは，マクロ経済モデルの「消費」要因のGDP，すなわち「景気」への影響力が非常に大きいことを示す結果でもある．政府の政策など他の要因が一定であれば，消費者の「ポジティブ」な心理的傾向への働きかけが非常に有効であることを示唆する結果である．

c. 楽観的シナリオのシミュレーション

2012年以降，消費者が「ポジティブ」な心理的傾向を継続的に上昇させるという図5.16の「シナリオ」に基づいてシミュレーションした結果が図5.17である．消費者がポジティブな心理的傾向を持続した場合，2014年頃からGDPが上昇傾向を示すことを予測する結果である．

d. 悲観的シナリオの設定

2012年以降も消費者が「ネガティブ」な心理的傾向を継続させたという悲観的シナリオが図5.18の「消費者心理傾向」のトレンドである．このトレンドに基づいてシミュレーションした結果が図5.19である．消費者がネガティブな心理的傾向を持続した場合，2014年頃からGDPが急速に下降傾向を示すことを予測する結果である．

5. 消費者行動のマクロ・モデル

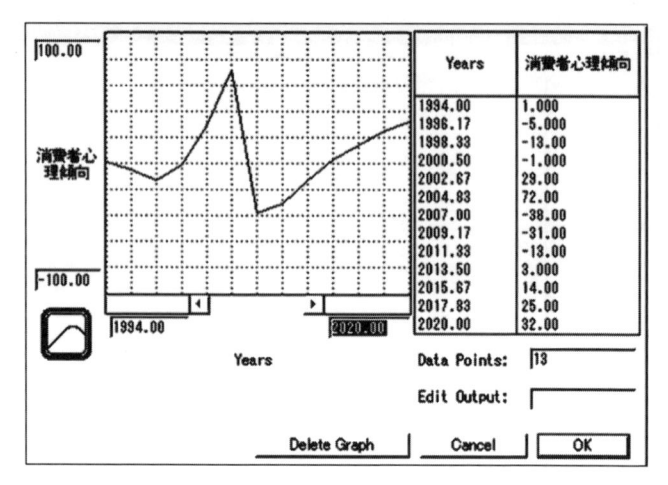

図 5.16 楽観的シナリオの「消費者心理傾向」のトレンド・データ

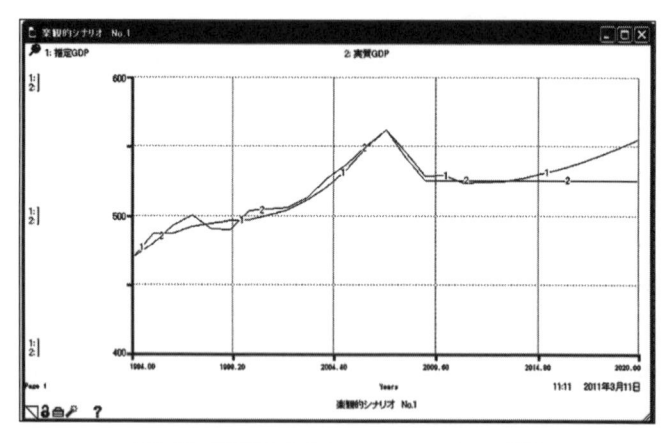

図 5.17 楽観的シナリオのシミュレーション結果

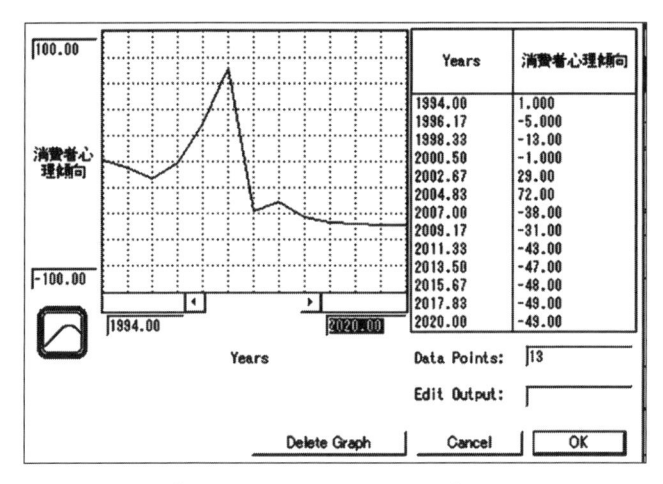

5.7 事例研究 (2) 心理変数を組み込んだ GDP 予測モデル

図 5.18 悲観的シナリオの「消費者心理傾向」のトレンド

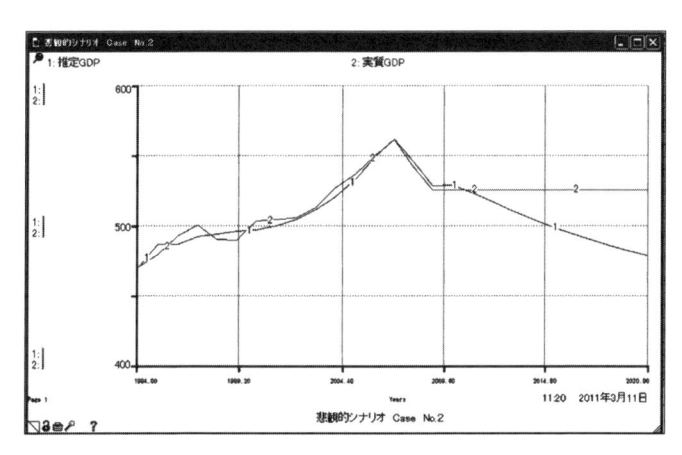

図 5.19 悲観的シナリオのシミュレーション結果

5.7.4 モデルのトレンド・データの妥当性についての検討

マクロ・モデルの「消費者心理傾向」のトレンド・データと，統計数理研究所「日本人の国民性調査」の，日本の社会経済状況に関する評価に関する設問への回答率の過去のトレンドが非常に類似性の高いデータであることがわかった．具体的には，「日本人の国民性調査」の「経済力」という点で日本は「非常によい」の回答率の推移との一致である．図 5.20，図 5.21 はそのデータの時系列グラフである．図 5.21 はマクロ・モデルの「消費者心理傾向」のトレンド・データを再掲したものである．

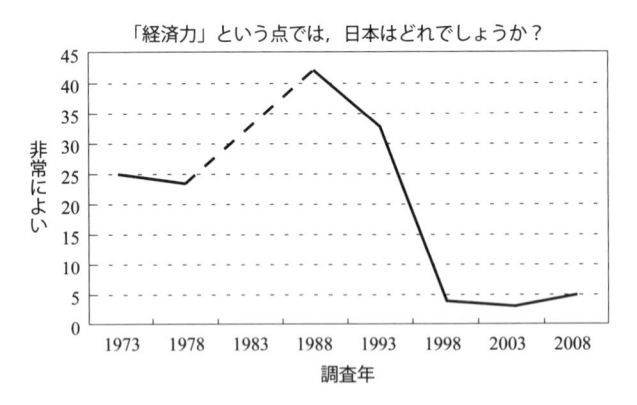

図 5.20 日本の経済状況に関する評価「非常によい」の値の推移パターン

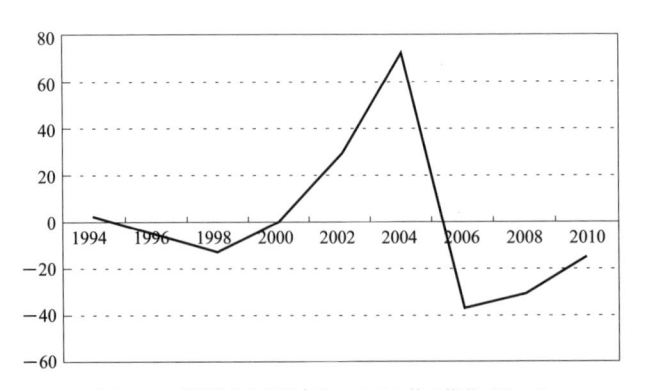

図 5.21 「消費者心理傾向」のモデル値の推移パターン

5.8 マクロ・モデルによる「政策実験」から得られた知見

5.8.1 国民の経済力に対する自信が実質 GDP を押し上げる

マクロ・モデルの GDP 推移に強い影響力のある「消費」の心理的要因（側面）として，日本の経済力に対する自信が非常に大きい要因であるということである．解釈としては，日本の GDP の客観的な水準の高さが国民の経済力（GDP）に対する自信を醸成し，国内の経済活動，特に国民の「消費活動」を活性化することによって，実質の GDP を押し上げる効果があるということである．

▌注

(1) 2013 年 3 月末に公表された人口問題研究所の公式予測（推計）では，2040 年の日本の総人口は 107,276 千人，指数：83.8（2010 年 =100）；総人口に占める 65 歳以上人口の割合，高齢化率 36%：http://www.ipss.go.jp/
(2) 統計数理研究所「日本人の国民性調査」(http://survey.ism.ac.jp/ks/index.html)

6. 消費者の商品選択行動モデル

> 本章では一般効用理論による消費者行動のモデリングに関してプロスペクト理論の概説と商品選択行動の予測手法としてのコンジョイント分析モデルの適用例の概要を解説している．事例研究としてノートPCの新製品のマーケット・シェアの予測による，新ブランドの市場競争力の「事前評価」の可能性について検討している．

6.1 一般効用理論による消費者行動のモデリング

　消費者行動研究において近年，非合理的意思決定のメカニズムを扱った行動実験から得られる知見をもとに，行動経済学的アプローチによる研究が注目されている．合理的行動と非合理的行動の狭間で人はどのような「心理状態」にあるのか，どのようなときに合理的であろうとするのか．経済行動的人間と感情・感性駆動的人間の比較研究から，消費者行動を購買時点にフォーカスした消費者行動の経験的一般化と，一般概念モデル構築の試みがなされている．

6.1.1 消費者行動とプロスペクト理論

　プロスペクト理論では，人は価値の評価に際して，利得よりも損失を高く評価して，それを回避しようとする傾向があることに注目している．具体的に言えば，1万円の利得（gains）が出ることが期待される「投資」と，同額の1万円の損失（losses）が想定される「投資」では，損失の方の価値（value）をかなり大きく評価する傾向が一般的であることを示している．「損失回避性」である．

6.1.2 価値関数 $v(x)$ の非対称性

一般に，損失の限界評価 b は利得の限界評価 a より大きい．利得 x から得られる価値を $v(x)$ とすると，$|v(x)|<|v(-x)|$ が成立する．図6.1は損失を利得よりも 2～2.5 倍程度高く評価するという場合の価値関数をグラフ化したものである．

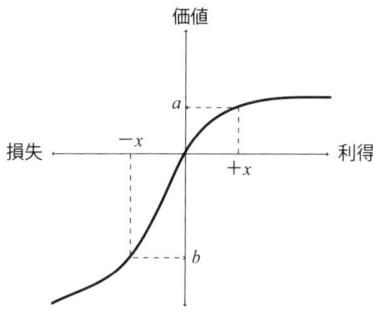

図 6.1 価値関数のグラフ

6.2 商品選択行動とコンジョイント分析モデル

6.2.1 新製品の市場性テスト

新製品開発における最も重要な目標は，その製品が十分な「市場性」を備えているかどうかを見極めることにある．新製品の市場性をテストする最も効果的な方法は，実際に新発売してみることである．しかし新発売するということは，それが小規模な市場実験であったとしてもかなりのコストとリスクを伴うものであることは否定できない．さらに，新製品のアイディアなりコンセプトを競合他社に知らしめることにもなる．このような重大なリスクを伴わないでかつ，予測精度の高い新製品のテスト方法の1つがコンジョイント分析法である．

a. コンジョイント分析法に必要なデータは順位データのみ

コンジョイント分析法の新製品の評価手法としての最も重要な特徴は，消費者の新製品への評価反応を「順位づけ」という最も低い測定レベルで捉え，そのデータから消費者の選好関数を導き出すところにある．つまり，消費者の「順位づけ」判断のベースにある，消費者の意識下の選好メカニズムを解明する計量手法である．

b. 分析モデルの仮定は一般効用理論

コンジョイント分析モデルの仮定の1つは一般効用理論である．消費者は製品またはブランドの選択において，製品属性間のトレード・オフを踏まえて，その人が最も高く，その「総効用」を評価した製品またはブランドを選ぶという極めて単純かつ自明の経済行動の原則である．

c. コンジョイント分析法の利用メリット

コンジョイント分析法による新製品コンセプトの事前評価システムの主な利用メリットとしては以下の項目が挙げられる．

① 新製品のコンセプト・テストが比較的低コストでかつ短期間で実施できる．
② 分析結果から設定した製品属性の相対的な重要度が計量的に評価できる．
③ 分析結果から製品属性別に水準（項目）別の部分効用値が得られ，最大の効用を生み出す製品属性プロフィール（組合せ）の総効用値が計算できるので，合理的かつ科学的な意思決定が行える．
④ 調査の実施上は少数の製品属性プロフィールについてのみ評価を行うにもかかわらず，評価対象外の製品属性プロフィールについても総効用値が計算できる．
⑤ 既存ブランドに対応する製品属性プロフィールの総効用値と，新製品（コンセプト）の総効用値の比較から，新製品の市場での競合力の評価ができる．
⑥ 調査対象者別の既存ブランドと，新製品（コンセプト）の総効用値からマーケット・シェアの推定計算（予測）ができる．

以上の利用メリットを生かすことにより，成功の確率の高い新製品のコンセプト開発が可能となる．

（コンジョイント分析法の利用に関する解説とQ&Aは附録2を参照．）

6.3 事例研究（1）：歯磨の新製品コンセプトの市場性評価

6.3.1 分析の概要

ここでは，歯磨の新製品コンセプトのフィージビリティをチェックするため，製品の物理的/生理学的な属性（ブランド・レベル）と，市場コミュニケーション上の訴求属性（マーケット・レベル）の2つに分けて調査，分析を実施した例を紹介する．

a. 分析目的

上述の2つのレベル別に製品属性（要因）間の重要度と，各属性内でのカテゴリー（水準）の「部分効用値」関数の値を推定することを目的とする．

b. 分析手続

レベル別に製品属性の水準の組合せを直交計画にすることにより，フルプロファイル法での呈示コンセプトの数を限定して，ブランド・レベルでは，16から8とし，マーケット・レベルでは54から9とした．

コンセプトの呈示手続きは，最初にマーケット・レベルのコンセプト・カードを呈示して選好順位づけを行い，次に製品のプロトタイプ（4種）を呈示した上で，ブランド・レベルのコンセプト・カードについて選好順位をつけてもらった．

c. 分析モデル：順位回帰分析モデル

以下の式に対応する OLS 型回帰分析法を用いる．

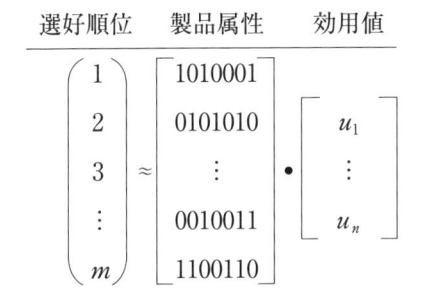

$$\begin{pmatrix} 1 \\ 2 \\ 3 \\ \vdots \\ m \end{pmatrix} \approx \begin{bmatrix} 1010001 \\ 0101010 \\ \vdots \\ 0010011 \\ 1100110 \end{bmatrix} \cdot \begin{bmatrix} u_1 \\ \vdots \\ u_n \end{bmatrix}$$

選好順位　　製品属性　　効用値

d. ブランド・レベルの要因・水準の配置（直交計画の内容）

```
No. of   Attribute=3    No. of    Card=8
①    TASTE:    (1)NOMAL     (2)SALTY
②    COLOR:    (1)LIGHT-BLUE    (2)WHITE    (3)BLUE    (4)GREEN
③    PASTE:    (1)WHITE     (2)GEL


//Design   Matrix   for   Experiment///
No.         TASTE          COLOR         PASTE
(1)         2)SALTY        3)BLUE        1)WHITE
(2)         2)SALTY        1)LIGHTBL     2)GEL
(3)           ・              ・            ・
(4)           ・              ・            ・
 ・            ・              ・            ・
(8)           ・              ・            ・
```

e. マーケットレベルの要因・水準の配置（直交計画の内容）

```
No. of    Attribute=4      No. of    Card=9
①         naming:   (1)salt    (2)shio
②         medicine: (1)AZ      (2)AL      (3)TR
③         feature:  (1)capsel  (2)tsubu   (3)fusion
④         price:    (1)450     (2)520     (3)380


///Design  Matrix   for    Experiment////
No.       naming    medicine  feature    price
(1)       2)shio    2)AL      3)fusion   3)380
(2)       1)salt    1)AZ      2)tsubu    3)380
(3)         .         .         .          .
  .         .         .         .          .
(9)         .         .         .          .
```

6.3.2 歯磨に関するコンジョイント分析の結果 (1)

図 6.2 にブランド・レベルの分析結果，図 6.3 にマーケット・レベルの分析結果を示す．

属性の重要度グラフ

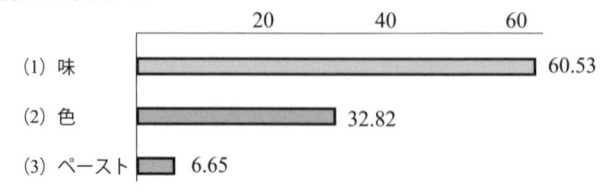

(1) 味　　　60.53
(2) 色　　　32.82
(3) ペースト　6.65

属性水準の部分効用（関数）グラフ

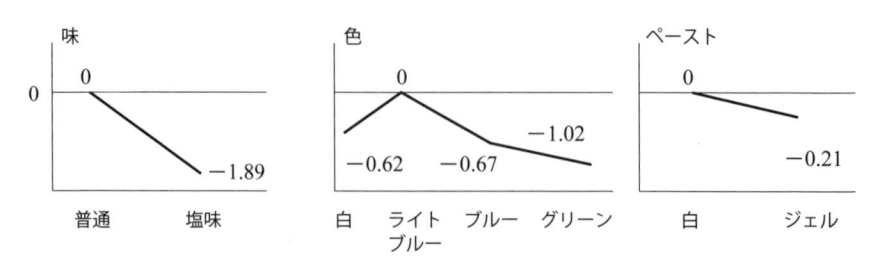

味
0 → −1.89
普通　塩味

色
0 (白)、−0.62 (ライトブルー)、−0.67 (ブルー)、−1.02 (グリーン)

ペースト
0 (白) → −0.21 (ジェル)

図 6.2　ブランド・レベルの分析結果

朝倉書店〈経営・数理・経済工学関連書〉ご案内

応用数理ハンドブック
日本応用数理学会監修 薩摩順吉・大石進一・杉原正顯編
B5判 704頁 定価（本体24000円+税）（11141-5）

数値解析，行列・固有値問題の解法，計算の品質，微分方程式の数値解法，数式処理，最適化，ウェーブレット，カオス，複雑ネットワーク，神経回路と数理脳科学，可積分系，折紙工学，数理医学，数理政治学，数理設計，情報セキュリティ，数理ファイナンス，離散システム，弾性体力学の数理，破壊力学の数理，機械学習，流体力学，自動車産業と応用数理，計算幾何学，数論アルゴリズム，数理生物学，逆問題，などの30分野から260の重要な用語について2〜4頁で解説したもの。

数理工学事典
茨木俊秀・片山 徹・藤重 悟監修
B5判 624頁 定価（本体22000円+税）（28003-6）

数理工学は統計科学，システム，制御，ORなど幅広い分野を扱う。本書は多岐にわたる関連分野から約200のキーワードを取り上げ，1項目あたり2頁前後で解説した読む事典である。分野間の相互関係に配慮した解説、専門外の読者にもわかる解説により，関心のある項目を読み進めながら数理工学の全体像を手軽に把握することができる関係者待望の書。〔内容〕基礎（統計科学，機械学習，情報理論ほか）／信号処理／制御／待ち行列・応用確率論／ネットワーク／数理計画・OR

経済時系列分析ハンドブック
刈屋武昭・前川功一・矢島美寛・福地純一郎・川崎能典編
A5判 788頁 定価（本体18000円+税）（29015-8）

経済分析の最前線に立つ実務家・研究者へ向けて主要な時系列分析手法を俯瞰。実データへの適用を重視した実践志向のハンドブック。〔内容〕時系列分析基礎（確率過程・ARIMA・VAR他）／回帰分析基礎／シミュレーション／金融経済財務データ（季節調整他）／ベイズ統計とMCMC／資産収益率モデル（酔歩・高頻度データ他）／資産価格モデル／リスクマネジメント／ミクロ時系列分析（マーケティング・環境・パネルデータ）／マクロ時系列分析（景気・為替他）／他

ベイズ計量経済学ハンドブック
照井伸彦監訳
A5判 564頁 定価（本体12000円+税）（29019-6）

いまやベイズ計量経済学は，計量経済理論だけでなく実証分析にまで広範に拡大しており，本書は教科書で身に付けた知識を研究領域に適用しようとするとき役立つよう企図されたもの。〔内容〕処理選択のベイズ的諸側面／交換可能性、表現定理、主観性／時系列状態空間モデル／柔軟なノンパラメトリックモデル／シミュレーションとMCMC／ミクロ経済におけるベイズ分析法／ベイズマクロ計量経済学／マーケティングにおけるベイズ分析法／ファイナンスにおける分析法

ものづくりに役立つ経営工学の事典 ―180の知識―
日本経営工学会編 日本技術士会経営工学部会・日本IE協会編集協力
A5判 408頁 定価（本体8200円+税）（27022-8）

ものづくりの歴史は，職人の技，道具による機械化，情報・知能によるシステム化・ブランド化を経て今日に至る。今後は従来の枠組みに限らない方法・視点でのものづくりが重要な意味をもつ。本書では経営工学の幅広い分野から180の知識を取り上げ，用語の説明，研究の歴史，面白い活用例を見開き2頁で解説。理解から実践まで役立つものづくりのソフト（ヒント）が満載。〔内容〕総論／人／もの／資金／情報／環境／確率・統計／IE・QC・OR／意思決定・評価／情報技術

サプライチェーンマネジメント〈全6巻〉
知識を整理し，現実の問題解決に役立つようわかりやすく解説する

1. 納期見積りと生産スケジューリング ―受注生産状況下での情報共有と連携―
黒田 充著
A5判 168頁 定価（本体3000円＋税）（27541-4）

個別生産・受注生産を対象としたSCM技術を具体的・明解に述べる。〔内容〕納期見積法／動的資材引当てを同時に行う納期見積り／顧客要求納期とメーカー理想納期／納期短縮のための製品間における中間製品の共用化／他

2. 内示情報と生産計画 ―持続可能な社会における先行需要情報の活用―
上野信行著
A5判 216頁 定価（本体3600円＋税）（27542-1）

生産内示の情報を生産活動に効果的に活用する方法と実際を解説し「内示情報の生かし方」を体系化した初の書。〔内容〕内示情報の活用／内示情報を用いた生産計画／内示情報を用いた生産情報システム／内示情報を用いた生産計画モデルの拡張

3. 生産・発注の平準化 ―SCMを成功に導くその理論的背景―
田村隆善著
A5判 144頁 定価（本体2800円＋税）（27543-8）

メーカーとサプライヤー間の連携を簡単なルールで行うことができる有力な方法の平準化につき，具体例を交えながら解説した初の書。〔内容〕JIT生産システムと平準化／混合品種組立ライン製品投入順序計画／平準化の効果／MRPと平準化

4. 企業間の戦略的提携 ―マルチエージェント交渉による次世代SCM―
貝原俊也・谷水義隆・西 竜志著
A5判 192頁 定価（本体3400円＋税）（27544-5）

効率的SCMを実践する際に重要となる，企業間でWin-Winの関係を対等に構築する戦略的提携の必要性を平易に解説。〔内容〕基本アルゴリズム／インバウンド；オペレーション；プランニング／アウトバウンド；オペレーション；プランニング

5. サプライチェーン最適化の新潮流 ―統一モデルからリスク管理・人道支援まで―
久保幹雄著
A5判 176頁 定価（本体3200円＋税）（27545-2）

最新の研究動向とその適用法を解説し，最適化モデルを記述するための言語を明示。〔内容〕関連モデル／最適化言語／ロットサイズ決定／スケジューリングモデル／在庫モデル／配送計画モデル／帰着と変形とは／システム設計モデル／他

6. サプライチェーンの最適運用 ―かんばん方式を超えて―
大野勝久著
A5判 168頁 定価（本体3200円＋税）（27546-9）

原材料・部品の調達から生産・物流・販売を経て最終消費者に至るサプライチェーンの最適運用を明示。〔内容〕ブルウィップ効果／JIT方式とその最適設計／確率環境下のJIT／シミュレーション／マルコフ決定過程／強化学習と近似DP／他

シリーズ〈金融工学の新潮流〉1　資産の価格付けと測度変換
木島正明・田中敬一著
A5判 216頁 定価（本体3800円＋税）（29601-3）

金融工学において最も重要な価格付けの理論を測度変換という切り口から詳細に解説。〔内容〕価格付け理論の概要／正の確率変数による測度変換／正の確率過程による測度変換／測度変換の価格付けへの応用／基準財と価格付け測度／金利モデル／他

シリーズ〈金融工学の新潮流〉3　信用リスク計測とCDOの価格付け
室町幸雄著
A5判 224頁 定価（本体3800円＋税）（29603-7）

デフォルトの関連性における原因・影響度・波及効果に関するモデルの詳細を整理し解説。〔内容〕デフォルト相関のモデル化／リスク尺度とリスク寄与度／極限損失分布と新BIS規制／ハイブリッド法／信用・市場リスク総合評価モデル／他

シリーズ〈金融工学の新潮流〉4　リアルオプションと投資戦略
木島正明・中岡英隆・芝田隆志著
A5判 192頁 定価（本体3600円＋税）（29604-4）

最新の金融理論を踏まえ，経営戦略や投資の意思決定を行えることを意図し，実務家向けにまとめた1冊。〔内容〕企業経営とリアルオプション／基本モデルの拡張／撤退・停止・再開オプションの評価／ゲーム論的リアルオプション／適用事例

ファイナンス・ライブラリー12　実践 ベイズ統計学
中妻照雄著
A5判 180頁 定価（本体3400円＋税）（29542-9）

前著『入門編』の続編として，初学者でも可能なExcelによるベイズ分析の実際を解説。練習問題付き。〔内容〕基本原理／信用リスクモデル／ポートフォリオ選択／回帰モデルのベイズ分析／ベイズ型モデル平均／数学補論／確率分布と乱数生成法

シリーズ〈オペレーションズ・リサーチ〉
今野 浩・茨木俊秀・伏見正則・高橋幸雄・腰塚武志監修

シリーズ〈オペレーションズ・リサーチ〉1　戦略的意思決定手法AHP
木下栄蔵・大屋隆生著
A5判 144頁 定価（本体2700円+税）（27551-3）

様々な場面で下される階層下意思決定について，例題を中心にやさしくまとめた教科書。〔内容〕パラダイムとしてのAHP／AHP／外部従属法／新しいAHPの動向／支配型AHPと一斉法／集団AHP／AHPにおける一対比較行列の解釈

シリーズ〈オペレーションズ・リサーチ〉2　データマイニングとその応用
加藤直樹・羽室行信・矢田勝俊著
A5判 208頁 定価（本体3500円+税）（27552-0）

データベースからの知識発見手法を文科系の学生も理解できるよう数式を最小限にとどめた形で適用事例まで含め平易にまとめた教科書。〔内容〕相関ルール／数値相関ルール／分類モデル／決定木／数値予測モデル／クラスタリング／応用事例／他

シリーズ〈オペレーションズ・リサーチ〉3　離散凸解析とゲーム理論
田村明久著
A5判 192頁 定価（本体3400円+税）（27553-7）

離散凸解析を用いて，安定結婚モデルや割当モデルを一般化した解法につき紹介した教科書。〔内容〕離散凸解析概論／組合せオークション／割当モデルとその拡張／安定結婚モデルとその拡張／割当モデルと安定結婚モデルの統一モデル／他

シリーズ〈オペレーションズ・リサーチ〉4　Excelによる生産管理—需要予測,在庫管理からJITまで—
大野勝久著
A5判 208頁 定価（本体3200円+税）（27554-4）

実務家・文科系学生向けに生産・在庫管理問題をExcelの強力な機能を活用して解決する手順を明示〔内容〕在庫管理と生産管理／Excel概論とABC分布／確率環境下の在庫管理／生産計画／輸送問題とスケジューリング／需要予測MRP／他

シリーズ〈オペレーションズ・リサーチ〉5　意思決定のための数理モデル入門
今野 浩・後藤順哉著
A5判 168頁 定価（本体3000円+税）（27555-1）

大学生の学生生活を例に取り上げながら，ORの理論が実際問題にどのように適用され問題を解決するかを実践的に解説。〔内容〕線形計画法／多属性効用分析／階層分析法／ポートフォリオ理論／データ包絡分析法／ゲーム理論／投票の理論／他

シリーズ〈オペレーションズ・リサーチ〉6　線形計画法の基礎と応用
坂和正敏著
A5判 184頁 定価（本体2900円+税）（27556-8）

身近な例題を数多く取り入れながら，わかりやすい解説を心掛けた初心者用教科書。〔内容〕変数の線形計画モデル／Excelソルバーによる定式化と解法／整数計画法／多目的線形計画法／ファジィ線形計画法／食品スーパーの購買問題への応用

応用最適化シリーズ1　線形計画法
並木 誠著
A5判 200頁 定価（本体3400円+税）（11786-8）

工学，経済，金融，経営学など幅広い分野で用いられている線形計画法の入門的教科書。例，アルゴリズムなどを豊富に用いながら実践的に学べるよう工夫された構成。〔内容〕線形計画問題／双対理論／シンプレックス法／内点法／線形相補性問題

応用最適化シリーズ2　ネットワーク設計問題
片山直登訳
A5判 216頁 定価（本体3600円+税）（11787-5）

通信・輸送・交通システムなどの効率化を図るための数学的モデル分析の手法を詳述。〔内容〕ネットワーク問題／予算制約をもつ設計問題／固定費用をもつ設計問題／容量制約をもつ最小木問題／容量制約をもつ設計問題／利用者均衡設計問題／他

応用最適化シリーズ3　応用に役立つ50の最適化問題
藤澤克樹・梅谷俊治著
A5判 184頁 定価（本体3200円+税）（11788-2）

数理計画・組合せ最適化理論が応用分野でどのように使われているかについて，問題を集めて解説した書。〔内容〕線形計画問題／整数計画問題／非線形計画問題／半正定値計画問題／集合被覆問題／勤務スケジューリング問題／切出し・詰込み問題

応用最適化シリーズ4　ネットワーク最適化とアルゴリズム
繁野麻衣子著
A5判 200頁 定価（本体3400円+税）（11789-9）

ネットワークを効果的・効率的に活用するための基本的な考え方を，最適化を目指すためのアルゴリズム，定理と証明，多くの例，わかりやすい図を明示しながら解説。〔内容〕基礎理論／最小木問題／最短路問題／最大流問題／最小費用流問題

フィナンシャルERM ―金融・保険の統合的リスク管理―

スウィーティング P.著　松山直樹訳者代表
A5判 500頁 定価（本体8600円+税）（29021-9）

組織のリスク管理を扱うアクチュアリーを定量的に解説。〔内容〕序説／金融機関の種類／利害関係者／内部環境／外部環境／プロセスの概観／リスクの定義／リスクの特定／有用な統計量／確率分布／モデル化技法／極値論／時系列モデリング／他

実証ファイナンスとクオンツ運用
ジャフィー・ジャーナル：金融工学と市場計量分析

日本金融・証券計量・工学学会編
A5判 240頁 定価（本体4000円+税）（29020-2）

コーポレートファイナンスの実証研究を特集〔内容〕英文経済レポートのテキストマイニングと長期市場分析／売買コストを考慮した市場急変に対応する日本株式運用モデル／株式市場の状態とウイナーポートフォリオのポジティブリターン／他

サービス工学 ―51の技術と実践―

赤松幹之・新井民夫・内藤　耕・村上輝康・吉本一穂監修
A5判 208頁 定価（本体3500円+税）（27019-8）

これまで経験や勘に頼り、製造業に比べて生産性の低かったサービス産業の現場に、科学的・工学的手法が導入されつつある。本書は、サービスの現場を観測・計測し、モデルを組み立て、工学的手法を導入する方法とその実践例を紹介する。

Rによる統計データ分析入門
シリーズ〈統計科学のプラクティス〉1

小暮厚之著
A5判 180頁 定価（本体2900円+税）（12811-6）

データ科学に必要な確率と統計の基本的な考え方をRを用いながら学ぶ教科書。〔内容〕データ／2変数のデータ／確率／確率変数と確率分布／確率分布モデル／ランダムサンプリング／仮説検定／回帰分析／重回帰分析／ロジット回帰モデル

Rによるベイズ統計分析
シリーズ〈統計科学のプラクティス〉2

照井伸彦著
A5判 180頁 定価（本体2900円+税）（12812-3）

事前情報を構造化しながら積極的にモデルへ組み入れる階層ベイズモデルまでを平易に解説〔内容〕確率とベイズの定理／尤度関数／事前分布、事後分布／統計モデルとベイズ推測／確率モデルのベイズ推測／事後分布の評価／線形回帰モデル／他

マーケティングの統計分析
シリーズ〈統計科学のプラクティス〉3

照井伸彦他著
A5判 200頁 定価（本体3200円+税）（12813-0）

実際に使われる統計モデルを包括的に紹介、かつRによる分析例を掲げた教科書。〔内容〕マネジメントと意思決定モデル／市場機会と市場の分析／競争ポジショニング戦略／基本マーケティング戦略／消費者行動モデル／製品の採用と普及／他

現代品質管理総論
シリーズ〈現代の品質管理〉1

飯塚悦功著
A5判 228頁 定価（本体3000円+税）（27566-7）

現代における価値提供の思想的基盤・方法論をなす品質管理論の全貌を簡潔に描き出す。〔内容〕品質管理の全体像／品質管理の基本的な考え方／品質のための管理システム／品質保証／品質保証機能／問題解決／品質管理の運用／今後の品質管理

統計的品質管理
シリーズ〈現代の品質管理〉2

永田　靖著
A5判 212頁 定価（本体3200円+税）（27567-4）

SQCの深い理解と知識の整理のために手法間の関連を重視した新視点の手引書〔内容〕確率分布（工程能力指数と不良率の関係他）検定・推定（最小2乗法他）実験計画法（実験データのグラフの作り方と見方他）多変量解析法（線形代数入門他）

統計的工程管理
シリーズ〈現代の品質管理〉3

仁科　健著
A5判 160頁 定価（本体2600円+税）（27568-1）

伝統的な品質管理手法を実践という視点から見直し、管理図や工程能力を中心に解説。〔内容〕品質のつくり込みと製造品質／シューハート管理図による工程の安定化／連続するデータからなる統計量を用いた管理図／工程能力の計量と活用／他

ISBN は 978-4-254- を省略　　　　　　　（表示価格は2014年1月現在）

朝倉書店

〒162-8707　東京都新宿区新小川町6-29
電話　直通（03）3260-7631　FAX（03）3260-0180
https://www.asakura.co.jp　eigyo@asakura.co.jp

属性の重要度グラフ

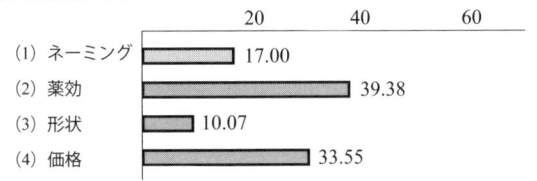

- (1) ネーミング　17.00
- (2) 薬効　39.38
- (3) 形状　10.07
- (4) 価格　33.55

属性水準の部分効用（関数）グラフ

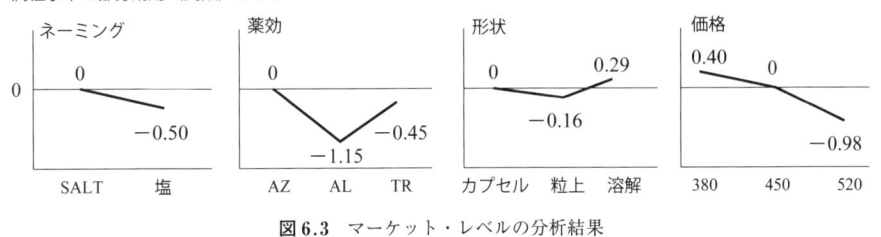

ネーミング: SALT 0 → 塩 −0.50

薬効: AZ 0 → AL −1.15 → TR −0.45

形状: カプセル 0 → 粒上 −0.16 → 溶解 0.29

価格: 380 0.40 → 450 0 → 520 −0.98

図 6.3　マーケット・レベルの分析結果

6.3.3　コンジョイント分析結果の解釈と判断

a) ブランド・レベルの最大効用の属性・水準の組合せを採用
  - (1) 味：普通
  - (2) 色：ライト・ブルー
  - (3) ペースト：白

b) マーケット・レベルの最大効用の属性・水準の組合せを修正
  - (1) ネーミング：SALT
  - (2) 薬効：AZ（アズレン）
  - (3) 形状：溶解　→　カプセル
  - (4) 価格：380 円　→　450 円

6.4　コンジョイント分析の「効用」と「限界」

　マーケティング課題のリサーチ課題への翻訳手段としてのコンジョイント分析は，製品コンセプト，アイディアのフィージビリティ評価の手法として非常に有効である．特に，消費者（顧客）の判断（Trade-off）基準の探索方法としても非常に有効である．

しかしながら，研究・調査・分析の前提となる製品コンセプトやアイディアの構成要因と，水準の設定が「適切」であることが非常に大きな課題であり，この手法の「限界」でもある．研究者やマーケターとしての「見識」が試される．

さらに，製品コンセプトの市場性（市場シェア）の予測に関しては，既存製品（既存ブランド）の現実性が課題である．

6.5 プロスペクト理論の観測例

6.5.1 価格の効用値の非対称性

図 6.4 は前述のコンジョイント分析の結果（2）の，商品（歯磨）の価格属性に関する部分効用値のグラフの再掲載である．プロスペクト理論の価値関数にみられる価格の効用値の非対称性を観測した例である．

450 円を基準価格とみなした場合，マイナス 70 円の価格 380 円の商品の部分効用値は 0.40 であるのに対して，同じ経済的価値のプラス 70 円高い価格の 520 円の商品の部分効用値は -0.98 である．その loss$(-)$/gain$(+)$＝ratio（倍率）は，$|0.98|/|0.4|=2.45$ 倍で行動経済学の実験などで頻繁に観測される倍率（2.0～2.5）の値を示している．

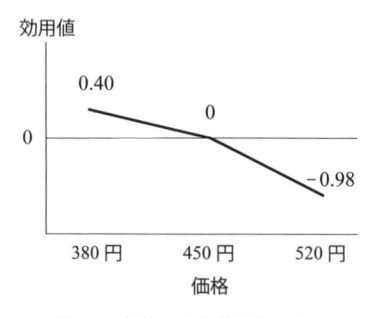

図 6.4 価格の部分効用値のグラフ

6.6 ブランド選択モデルによるマーケット・シェアの予測の方法

コンジョイント分析の応用面の肝は，複数の商品・サービス（コンセプト）に

対する選好判断の結果を購買行動に関係づけることができることにある．一般に，m 個の商品（コンセプト）の中から1つの商品を選ぶ場合，その人にとって最大の効用（utility）を得ることのできる商品を最初に選ぶと考えられる．換言すれば，各個人レベルで最大の「主観的効用値」が与えられた商品・サービスを，その人が購入する確率が最も高い商品・サービスであると定義する．

コンジョイント分析は，特定のマーケットにおいて，競合する商品群について消費者1人1人の各商品・サービスに対する「効用」を測定することによって，各商品・サービスの「マーケット・シェア」のシミュレーション（予測）を可能にする手法でもある．

6.6.1 個人単位の効用値の推定

加算型コンジョイント分析モデル（Additive Conjoint Analysis Model）によるアプローチの事例を紹介する．

コンジョイント分析は，各商品に対する選好判断のデータを分解（Decomposition）して，あらかじめ設定した商品・サービス（コンセプト）の属性（要因）と水準（選択肢）に対応する効用関数を推定する手法である．これは，選択行動の実験の対象とした商品（コンセプト）とは異なる属性と，水準の組合せの新商品（コンセプト）についても部分効用値の合計として「総効用値」を対象者（個人）単位に計算できることを意味している．この特性を生かして，対象者の選好傾向に基づくターゲット・セグメンテーションの有効性を実証した研究（Ogawa, 1987）がある．部分効用値の統計的推定方法には，重回帰，数量化Ⅰ類，順位回帰などの一般回帰アルゴリズムが適用可能である．

6.6.2 個人単位の総効用値の選好・選択行動確率への変換

商品・サービスの「マーケット・シェア」の予測を行うためには，コンジョイント分析で得られた，対象者別の商品コンセプト別の総効用値を選択（購買）確率に変換しなければならない[注1]．

6.7 事例研究（2）ノートPCの新製品のマーケット・シェア予測

以下は仮想のノートPC市場における既存ブランドと，新製品（コンセプト）投入時のマーケット・シェアの推定（予測）の事例である．この事例では，ノートPCの市場は，男性の場合，製品のスペック中心に購入の意思決定がされるケースが多いという「想定」のもとに，表6.1のような要因と水準を設定して調査・分析を実施した．

表6.1　ノートPCのスペックとして設定した要因と水準

要因	水準	水準コード
CPU	core_i5	1
	core_i7	2
MEMORY	4 GB	1
	8 GB	2
RESOLUTION	HD1920×1080	1
	1200×800	2
HARD_DRIVE	HDD720 GB	1
	SSD512 GB	2
OPT_DRIVE	yes	1
	none	2
WEIGHT	900 g	1
	1300 g	2
DISP_SIZE	11_inch	1
	13_inch	2
BATTERY_CAPACITY	8_hours	1
	13_hours	2
OS	Windows8	1
	MacOS_X	2
MS_Office	yes	1
	none	2

6.7.1 調査の実施概要〈仮想事例〉

標本数は 20〜60 代の男性 40 人で，調査方法は面接調査法を用いた．測定内容は，表 6.2 のノート PC のコンセプト・カード提示による購入意向順位の測定である．分析ソフトは IBM SPSS (version 20) の Conjoint を用いた．

表 6.2 ノート PC の直交計画に基づいたコンセプトの提示用カード（12 枚）

カード ID	①	②	③	④	⑤	⑥	⑦	⑧	⑨	⑩	⑪	⑫
CPU	2	1	2	1	2	2	2	2	1	1	1	1
MEMORY	2	2	2	1	1	1	2	1	1	1	2	2
RESOLUTION	2	2	1	2	1	2	1	2	1	1	1	2
HARO_DRIVE	2	2	1	2	2	1	2	1	1	2	1	1
OPT_DRIVE	2	1	2	2	1	2	1	1	1	2	2	1
WEIGHT	1	2	2	2	2	1	1	2	1	1	2	1
DISP_SIZE	1	1	2	2	1	2	2	2	1	2	1	2
BATTERY_CAPACITY	2	1	1	1	2	1	1	2	1	2	2	2
OS	1	2	1	1	1	2	2	2	1	1	2	1
MS_Office	1	1	1	2	2	2	1	1	1	1	2	2

注：セル内の数値は水準コード

6.7.2 設定した要因と水準別の部分効用値の推定結果

表 6.3 は設定した要因と水準に対応する部分効用値の対象者全体の平均である．

表 6.4 は観測選好値と予測選好値との相関の程度，回答の一貫性を示す指標である．Pearson の R, Kendall のタウともに非常に一貫性が高い測定結果であることを示している．

図 6.6 は要因（因子）別の平均重要度のグラフ，表 6.5 は平均化した要因別の重要度得点の数表である．この調査の対象者の場合，ノート PC の選択基準として最も重視する要因（製品仕様）は，OS, 次に CPU, BATTERY_CAPACITY の順となっている．ややマニアックな対象者のグループであることが推測される．

表 6.3 部分効用値の全体平均値 ($N=40$)

要因	水準	効用値
CPU	core_i5	−0.9
	core_i7	0.9
MEMORY	4 GB	−0.133
	8 GB	0.133
RESOLUTION	HD1920×1080	−0.267
	1200×800	0.267
HARD_DRIVE	HDD720 GB	−0.2
	SSD512 GB	0.2
OPT_DRIVE	yes	−0.367
	none	0.367
WEIGHT	900 g	0.033
	1300 g	−0.033
DISP_SIZE	11_inch	−0.167
	13_inch	0.167
BATTERY_CAPACITY	8_hours	0.667
	13_hours	−0.667
OS	Windows8	−0.967
	MacOS_X	0.967
MS_Office	yes	0.467
	none	−0.467
(定数)		6.5

表 6.4 観測選好値と予測選好値の相関

相関分析	値	有意確率
Pearson の R	0.990	0.000
Kendall のタウ	0.969	0.000

表 6.5 平均化された重要度得点

要因	重要度値
CPU	15.35
MEMORY	7.589
RESOLUTION	6.283
HARD_DRIVE	6.297
OPT_DRIVE	9.986
WEIGHT	4.415
DISP_SIZE	4.257
BATTERY_CAPACITY	13.326
OS	26.381
MS_Office	6.116

6.7 事例研究 (2) ノート PC の新製品のマーケット・シェア予測　　　99

重要度の要約

[棒グラフ: 因子別の平均重要度]
CPU: 約15
MEMORY: 約8
RESOLUTION: 約6
HARD_DRIVE: 約6
OPT_DRIVE: 約10
WEIGHT: 約5
DISP_SIZE: 約4
BATTERY_CAPACITY: 約13
OS: 約27
MS_Office: 約6

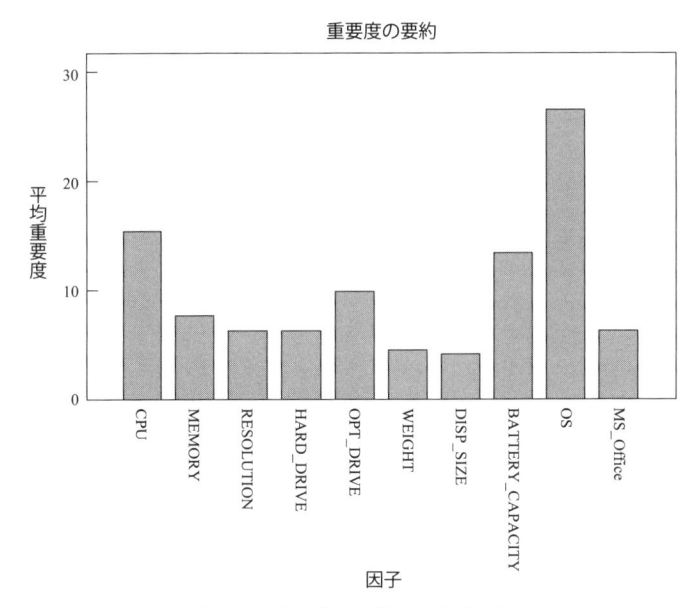

図 6.6　要因（因子）別の平均重要度

6.7.3　新製品のシェア予測の方法

a.「総効用値」の購入確率への変換

対象者個人の分析対象コンセプトの総効用値 r_i を購入確率 p_i へ変換するアルゴリズムは，次の3つのモデルが用意されている．

①最大ユーティリティ・モデル，② Bradley-Terry-Luce （BTL）モデル，③ ロジット・モデルである．シェアの予測の手続きは章末（注1），計算式は章末（注2）を参照．

b.　シェア計算シミュレーション

表 6.6 はシェア計算シミュレーション用に設定した「現状の既存製品のブランド」（Brand ID：①〜⑫）と，新規に市場投入する予定の「新製品」（Brand ID：⑬〜⑮）の要因と水準を組み合わせた仮想ブランドのリストである．

表 6.6 シミュレーション用仮想ブランド・リスト

要因	既存製品ブランド												新製品		
Brand ID	①	②	③	④	⑤	⑥	⑦	⑧	⑨	⑩	⑪	⑫	⑬	⑭	⑮
CPU	2	1	2	1	2	2	2	2	1	1	1	1	2	1	2
MEMORY	2	2	2	1	1	1	2	1	1	1	2	2	2	2	2
RESOLUTION	2	2	1	2	1	2	1	2	1	1	1	2	2	2	1
HARD_DRIVE	2	2	1	2	2	1	2	1	1	2	1	1	2	2	2
OPT_DRIVE	2	1	2	2	1	2	1	1	1	2	2	1	2	1	1
WEIGHT	1	2	2	2	2	1	1	2	1	1	2	1	1	2	1
DISPLAY_SIZE	1	1	2	2	1	1	2	2	1	2	1	2	1	1	2
BATTERY_CAPACITY	2	1	1	1	2	1	1	2	1	2	2	2	2	1	2
OS	1	2	1	1	1	2	2	2	1	2	2	1	1	2	2
MS_Office	1	1	1	2	2	2	2	1	1	1	2	2	1	1	1

注：セル内の数値は水準コード（表 6.1）

c. 被験者別総効用値の計算

表 6.7 は被験者別のシミュレーション（選好）得点（総効用値）の計算例である．

表 6.7 被験者別シミュレーション（選好）得点の例

被験者 1：選好得点

ブランド ID	得点
①	5.833
②	9.167
③	5.167
④	2.833
⑤	4.167
⑥	11.167
⑦	11.833
⑧	9.833
⑨	1.833
⑩	8.167
⑪	6.833
⑫	1.167
⑬	5.833
⑭	9.167
⑮	11.167

d. 既存ブランドのマーケット・シェア

表 6.8 は推定モデル別に計算した現状の「既存 12 ブランド」の推定マーケット・シェアである．

e. 新ブランド投入後の推定マーケット・シェア

表 6.9 は新ブランド投入後の 15 ブランドの推定マーケット・シェアを計算したものである．推定モデル別の結果にややばらつきがみられるシミュレーション結果である．

f. 推定モデル別のシェア変化の比較

表 6.10〜6.12 は，推定モデル別に「現状（12 ブランド）」とのシェア変化の差をみた表である．

表 6.8 現状の既存 12 ブランドの推定マーケット・シェア（推定モデル別）

ブランド ID	最大ユーティリティ	Bradley-Terry-Luce	ロジット
①	20.0%	9.1%	17.1%
②	10.0	9.9	7.3
③	5.0	9.9	7.6
④	0.0	7.3	2.7
⑤	0.0	5.8	0.8
⑥	25.0	11.2	23.9
⑦	20.0	10.9	17.2
⑧	15.0	10.1	15.4
⑨	5.0	6.0	3.6
⑩	0.0	8.6	3.5
⑪	0.0	6.8	0.6
⑫	0.0	4.5	0.2

6. 消費者の商品選択行動モデル

表6.9 推定モデル別シミュレーション結果（15ブランドの推定マーケット・シェア）

ブランドID	最大ユーティリティ	Bradley-Terry-Luce	ロジット
①	10.0%	7.0%	10.2%
②	5.0	7.6	4.8
③	5.0	7.7	5.8
④	0.0	5.7	2.5
⑤	0.0	4.5	0.5
⑥	25.0	8.8	22.0
⑦	15.0	8.4	11.7
⑧	5.0	7.8	9.9
⑨	5.0	4.7	2.7
⑩	0.0	6.6	2.2
⑪	0.0	5.1	0.4
⑫	0.0	3.5	0.1
⑬	10.0	7.0	10.2
⑭	5.0	7.6	4.8
⑮	15.0	7.9	12.3

表6.10 最大ユーティリティ・モデルの場合のシェア変化

モデル	最大ユーティリティ		
ブランドID	現状（A）	シミュレーション（S）	シェア変化（S-A）
①	20.0%	10.0%	-10.0%
②	10.0	5.0	-5.0
③	5.0	5.0	0.0
④	0.0	0.0	0.0
⑤	0.0	0.0	0.0
⑥	25.0	25.0	0.0
⑦	20.0	15.0	-5.0
⑧	15.0	5.0	-10.0
⑨	5.0	5.0	0.0
⑩	0.0	0.0	0.0
⑪	0.0	0.0	0.0
⑫	0.0	0.0	0.0
⑬		10.0	10.0
⑭		5.0	5.0
⑮		15.0	15.0
合計	100.0	100.0	0.0

6.7 事例研究 (2) ノート PC の新製品のマーケット・シェア予測　　　　　　　　　　　　103

表 6.11 Bradley-Terry-Luce モデルの場合のシェア変化

モデル	Bradley-Terry-Luce		
ブランド ID	現状 (A)	シミュレーション (S)	シェア変化
①	9.1%	7.00%	−2.1%
②	9.9	7.60	−2.3
③	9.9	7.70	−2.2
④	7.3	5.70	−1.6
⑤	5.8	4.50	−1.3
⑥	11.2	8.80	−2.4
⑦	10.9	8.40	−2.5
⑧	10.1	7.80	−2.3
⑨	6.0	4.70	−1.3
⑩	8.6	6.60	−2.0
⑪	6.8	5.10	−1.7
⑫	4.5	3.50	−1.0
⑬		7.00	7.0
⑭		7.60	7.6
⑮		7.90	7.9
合計	100.1	99.9	−0.2

表 6.12 ロジット・モデルの場合のシェア変化

モデル	ロジット		
ブランド ID	現状 (A)	シミュレーション (S)	シェア変化
①	17.1%	10.2%	−6.9%
②	7.3	4.8	−2.5
③	7.6	5.8	−1.8
④	2.7	2.5	−0.2
⑤	0.8	0.5	−0.3
⑥	23.9	22.0	−1.9
⑦	17.2	11.7	−5.5
⑧	15.4	9.9	−5.5
⑨	3.6	2.7	−0.9
⑩	3.5	2.2	−1.3
⑪	0.6	0.4	−0.2
⑫	0.2	0.1	−0.1
⑬		10.2	10.2
⑭		4.8	4.8
⑮		12.3	12.3
合計	99.9	100.1	0.2

6.7.4 新ブランドの市場競争力の「事前評価」

a. 市場シミュレーションのシナリオ

以上のコンジョイント・モデルでのシェア計算シミュレーションの目的は，ハイ・エンド・ユーザー向けの新ブランド（ID ⑮）がどの程度の市場競争力を持っているかを「事前評価」することにある．事前評価の基準は予測シェアである．以下の表6.13はその新製品の「仕様」＝「シナリオ」である．

表6.13 新製品の「仕様」

ブランドID 要因	⑬	⑭	⑮
CPU	core_i7	core_i5	core_i7
MEMORY	8 GB	8 GB	8 GB
RESOLUTION	1200×800	1200×800	HD1920×1080
HARD_DRIVE	SSD512 GB	SSD512 GB	SSD512 GB
OPT_DRIVE	none	yes	yes
WEIGHT	900 g	1300 g	900 g
Display_Size	11_inch	11_inch	13_inch
BATTERY_CAPACITY	13_hours	8_hours	13_hours
OS	Windows8	MacOS_X	MacOS_X
MS_Office	yes	yes	yes

b. 「ロジット・モデル」によるシェア計算

ここでは，シェア予測の計算アルゴリズムに「ロジット・モデル」を適用したケースについて解説する．

現状の各ブランド（既存製品）のシェアの分布は，トップ・ブランドのID ⑥が約24%，2位はID ⑦，3位はID ①で各約17%，4位はID ⑧で約15%という市場である．トップの4ブランドで想定市場の73%を占めている．

この既存市場に以下の新ブランド，ID ⑬，ID ⑭，ID ⑮のようなハイ・スペックな新製品群（表6.13）が投入された場合，どのようなシェアの変化が起こるかを「予測」した．その市場シミュレーションの結果が表6.12である．

この市場シミュレーションの結果から既存製品の場合は，ID ①が6.9%，ID ⑦が5.5%，ID ⑧が5.5%のシェア低下が予想される．一方，既存製品の中で最も「効用値」が高く，現状の仮想市場では，トップ・ブランドであるID ⑥のシェアは，23.9%から22.0%へ，わずか1.9%の低下が予想されている．

新製品の場合は，ID ⑬が 10.2%，ID ⑭が 4.8%，特に新製品の中で最も「効用値」が高い ID ⑮は 12.3%のシェア獲得が予想されている．

表 6.14 既存製品トップ・ブランド ID ⑥の「仕様」

カード ID	⑥	カード ID	⑥
CPU	core_i7	WEIGHT	900 g
MEMORY	4 GB	Display_Size	11_inch
RESOLUTION	1200×800	BATTERY_CAPACITY	8_hours
HARD_DRIVE	HDD720 GB	OS	MacOS_X
OPT_DRIVE	none	MS_Office	none

■ 注

(1) シェア計算の手続きは，IBM SPSS Conjoint 20 マニュアルの P.35「シミュレーションの実行」を参照（ftp://public.dhe.ibm.com/software/analytics/spss/documentation/statistics/20.0/ja/client/Manuals/IBM_SPSS_Conjoint.pdf）
(2) シミュレーション・モデルのシェア計算アルゴリズム
以下はコンジョイント分析の結果得られた対象者個人の分析対象の各製品の総効用値（score）r_i を購入確率 probability p_i へ変換するアルゴリズムである．

最大ユーティリティ（Max Utility）モデル

$$p_i = \begin{cases} 1: & if\ r_i = \max(r_i) \\ 0: & otherwise \end{cases}$$

BTL（Bradley-Terry-Luce）モデル

$$p_i = \frac{r_i}{\sum_j r_j}$$

ロジット（Logit）モデル

$$p_i = \frac{e^{r_i}}{\sum_j e^{r_j}}$$

7. 消費者行動のシミュレーション・モデル

> 本章では広告効果を組み入れた消費者行動のシミュレーション・モデルを用いて,商品の普及状況の予測を行うシステムについて概要を解説している.事例研究(1)として広告効果と口コミ効果を組み込んだモデル,事例研究(2)として広告接触行動のシミュレーション・モデルの実行例について詳しく紹介している.

7.1 広告効果を組み入れた消費者行動のシミュレーション・モデル

　ここでは代表的な消費者行動モデルの中で,シミュレーション・モデルがどのような位置づけを与えられてきたかを考察する.最も典型的な例としては,新製品の普及過程を規定する変数(AR:Adoption Rate)に直接関連づける形で,明示的に「広告による効果」(Adoption from Advertising)と,「口コミによる効果」(Adoption from Word of Mouth)を,「因果ループ」として組み入れたシステム・ダイナミックス(SD)のシミュレーション・モデルがある(Sterman, 2001).新製品の普及モデルの「因果関係」を,システム・ダイナミックスのフロー・ダイヤグラムの形で表現したのが図7.1である(実行ソースプログラム名:vensim-BASSMODEL.mdl).

　この新製品の普及モデルの「因果関係」を単純化して表現したのが,図7.2の因果ループの図である.システム・ダイナミックスによるシミュレーションの原点はこの因果ループの発見と組み込みである.

　上記のモデルと,それが内包する因果ループを表現する「アルゴリズム」を数式的に記述すると以下のステップとなる.

7.1 広告効果を組み入れた消費者行動のシミュレーション・モデル　　107

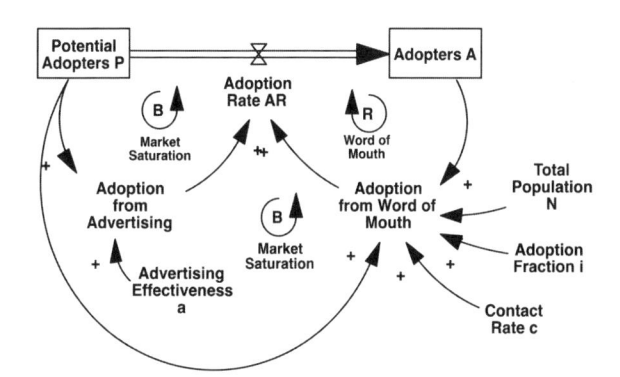

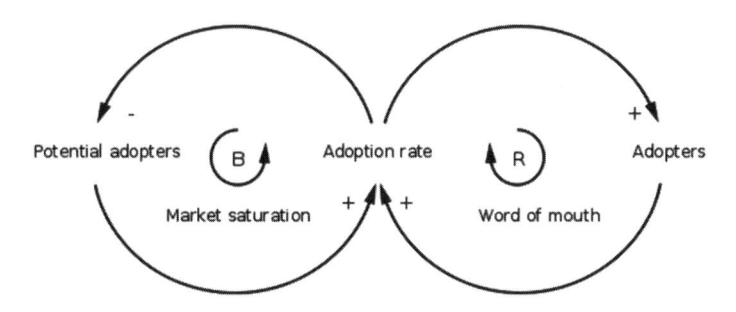

1. ```
   Adoption Rate   AR=   Adoption from Advertising + Adoption from Word of
   Mouth
   ```
2. ```
   Adopters   A= INTEG (Adoption Rate AR,0)
   ```
   (注：INTEG は積分記号で AR の 0 からの蓄積が A となることを表している。)
3. ```
   Adoption from Advertising=Advertising Effectiveness a*Potential Adopters P
   ```
4. ```
   Adoption from Word of Mouth=
   Contact Rate c*Adoption Fraction i*Potential Adopters P*Adopters A/Total
   Population N
   ```
5. ```
   Potential Adopters P= INTEG (-Adoption Rate AR, Total Population N-
   Adopters A)
   ```

   ```
   ただし, Adoption Fraction i=0.015
         Advertising Effectiveness a = 0.011
         Contact Rate c = 100
         Total Population N= 1e+06
   ```

図 7.1　「広告効果」を「因果ループ」として組み入れた新製品普及モデルのシステム・ダイナミックス（SD）のモデル図

図 7.2　「広告効果」を組み入れた新製品普及モデルの因果ループ
   ```

図7.3は上記のアルゴリズムに基づいた「新製品の普及モデル」の各変数を関連づける「因果ツリー」を表現したものである．

```
(Adoption Rate AR) ────── Adopters A
Adoption from Advertising ╲
                           Adoption Rate AR ────── Potential Adopters P
Adoption from Word of Mouth ╱
                          Total Population N
```

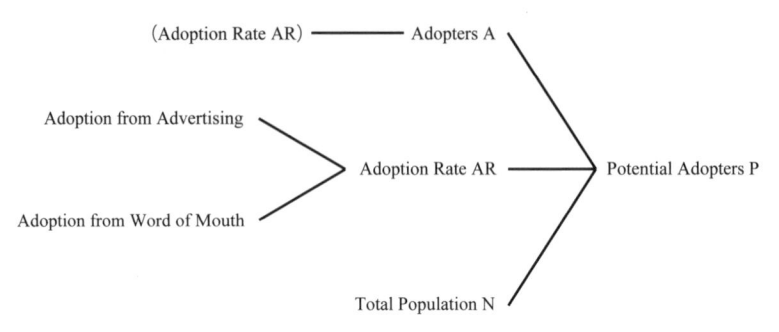

図7.3 潜在採用者（Potential Adopters）を規定する因果ツリー

図7.4は，新製品普及モデルの基本に設定したシステム・パラメータによるシミュレーション計算（ベース・ラン）の結果である．新規採用者 Adopters A と，潜在採用者 Potential Adopters P の時系列変化の状況を表現したグラフである．

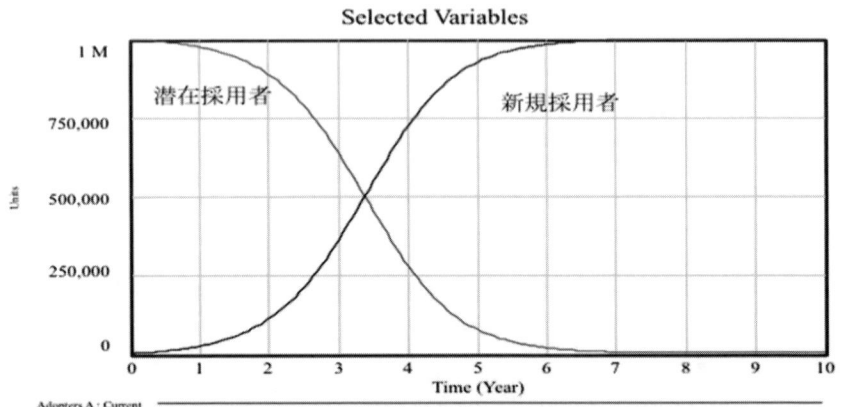

Selected Variables

（グラフ：横軸 Time (Year) 0〜10，縦軸 Units 0〜1M，潜在採用者と新規採用者の交差曲線）

Adopters A : Current
Adopters A : /Users/kidoshigeru/Desktop/Vensimフォルダ/BusinessDynamics_vensim/Vensim Models(Mac)/Vensim Models/Chap09 Vensim/Current
Potential Adopters P : Current
Potential Adopters P : /Users/kidoshigeru/Desktop/Vensimフォルダ/BusinessDynamics_vensim/Vensim Models(Mac)/Vensim Models/Chap09 Vensim/Current

図7.4 新製品普及モデルのシミュレーション計算の結果（base-run）

7.1.1　「広告効果」の変化と普及状況のシミュレーション

図7.5は，図7.1下部の「広告効果」（Advertising Effectiveness）の値 a について，Current：0.125，Current2：0.0，Current3：0.011 に変化させた場合の普及状況を VenSim でシミュレートした結果のグラフである．

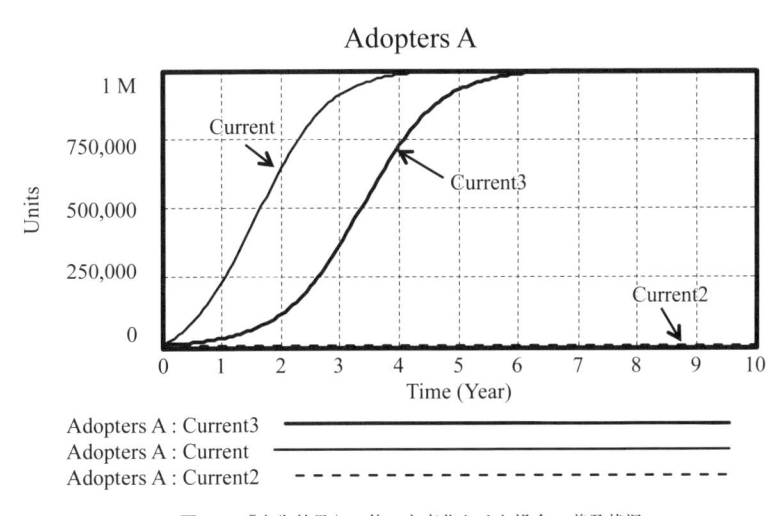

図7.5　「広告効果」の値 a を変化させた場合の普及状況

広告効果（Advertising Effectiveness）の値 a が高い程，消費者の製品の受容が促進され，普及のピークが早まることを示している．具体的には，広告効果指数 a の値が 0.125 の場合，製品の普及のピークまでの年数が4年である．a の値がその約 1/10 の 0.011 の場合では，製品の普及のピークまでの年数が6年となることが予測される．

7.2　事例研究（1）広告効果と口コミ効果を組み込んだモデル

7.2.1　広告効果の「操作変数」化によるシミュレーション

このモデルでは広告効果指数 a の値は単位のない「外生変数」扱いされている．a の値を広告予算に占めるテレビ広告の比率などに置き換え，外挿的な「操作可能」な変数にしてシミュレートすることが考えられる．図7.6はその例である．

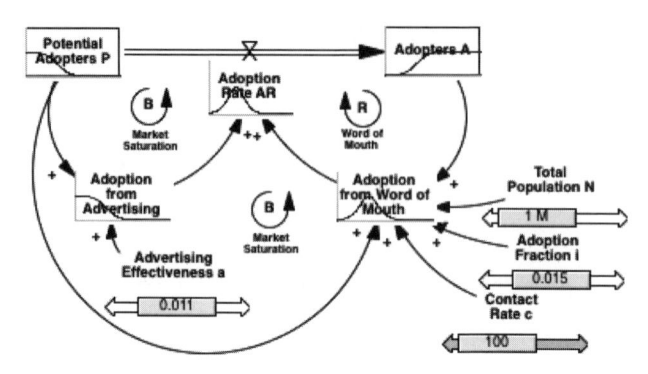

図7.6 VenSim の変数操作のユーザー・インターフェース

　上記の例では，Advertising Effect a に加えて，Total Population N, Adoption Fraction i, Contact Rate c などの「定数」についてもシミュレーションの条件設定がマウスによる簡単な操作で変更可能である．

　広告効果指数 a の値を 0.1 から 1/10 ずつ順次減少させるというかなり大胆な「実験」を試みた．図7.7 は，新製品の普及状況はどのように変化するかをグラフで出力した結果である．広告効果指数 a の値が小さい程，普及に時間がかかることを如実に表す結果となっている．

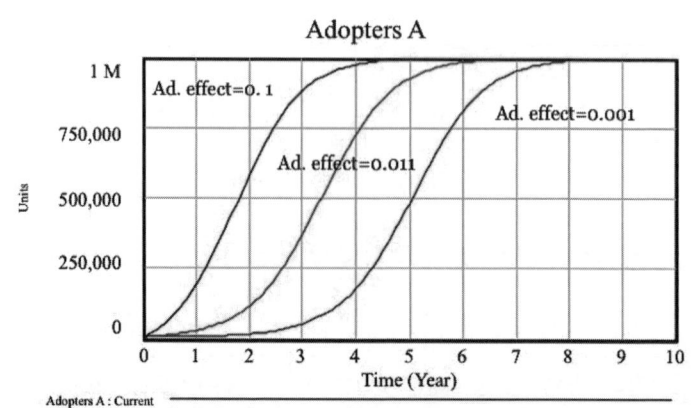

図7.7 広告効果の変化と普及状況の変化

7.3 事例研究（2）広告接触行動のシミュレーション・モデル

　以下は広告投下パターンの集中と分散に関する消費者の広告接触率（認知率）についてのモデルである（片平，1987；太田，2008）．この分野は日米ともに公表された実験データや調査情報が非常に乏しいのが実情である．そのため，頻繁に引用されるのが図7.8のZielske（1959）の市場実験の比較グラフである．実態は，郵送された13回の広告（雑誌）の集中型と分散型の投下パターン（強制露出）別の結果（認知率）を比較したものである．

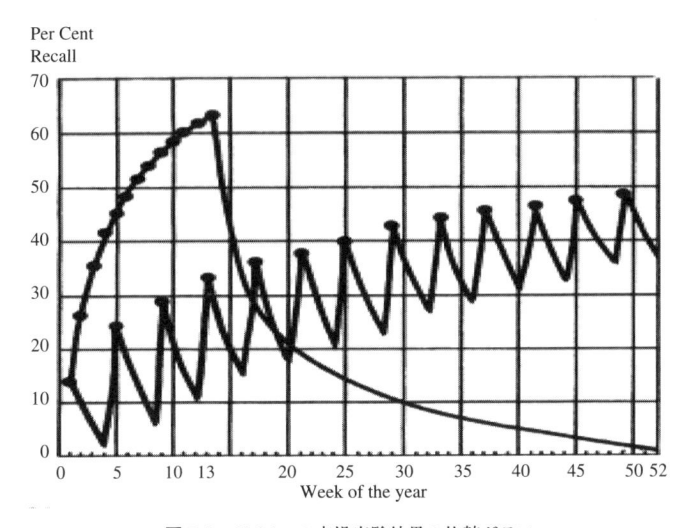

図7.8 Zielskeの市場実験結果の比較グラフ

7.3.1 Strongの回帰モデル

Strong (1974) は, Zielske (1959) の市場実験の結果と自身の同様の実験結果とを合わせて, メタ分析的な処理をして得られたデータに基づく重回帰分析を行っている. 表7.1は, 回帰モデル式 (7.1) による分析結果である.

表7.1 回帰分析の結果

```
PARAMETER ESTIMATION FOR SINGLE-EQUATION MODEL
==============================================================
                        Intercept     b1      b2      b3
--------------------------------------------------------------
Estimated Value           16.97      0. 57   -8. 57  18.99
T-test for significance              8.96*   14.34*  9.53*
R² = 0.93
F (3, 60 d.f.) =127.67*
--------------------------------------------------------------
*p < .001.
```

このモデルの特徴は, 当期認知率 Y_i を直近の前期認知率 Y_{i-w} と, その経過時間 W_i と当期広告露出の有無 E_i で説明していることである.

Strongの回帰式

$$Y_i = A + b_1(Y_{i-w}) + b_2(W_i) + b_3(E_i) + e \qquad (7.1)$$

ただし, Y_i = percent of audience reaching criterion level of recall,

Y_{i-w} = percent of audience reaching criterion level of recall at last preceding exposure,

W_i = weeks since last exposure, expressed here as its square root to obtain strict concavity,

E_i = 1, if an exposure was presented, otherwise zero (dummy variable),

i = week of the observation, and

e = error.

A, b_1, b_2, b_3 : regression parameters of the model.

分析結果の精度は表7.1で示されているように, 説明力 (R^2) 0.93で非常に高

7.3 事例研究 (2) 広告接触行動のシミュレーション・モデル　　113

く，各回帰パラメータの t 値も 0.1% 水準で有意である．

7.3.2　広告接触行動のシミュレーション・モデル化

　ここでは (7.1) 式に基づくシミュレーション・モデルとその実行結果を紹介する．図 7.9 は太田 (2008) で紹介されている，Strong (1974) の回帰モデル (7.1) 式に基づくシステム・ダイナミックスによるシミュレーション・モデルのフロー・ダイアグラムである．

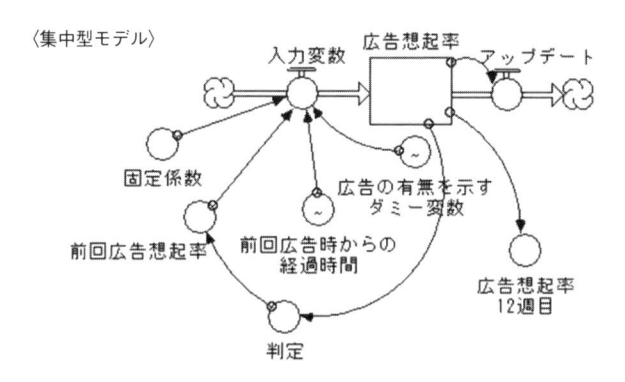

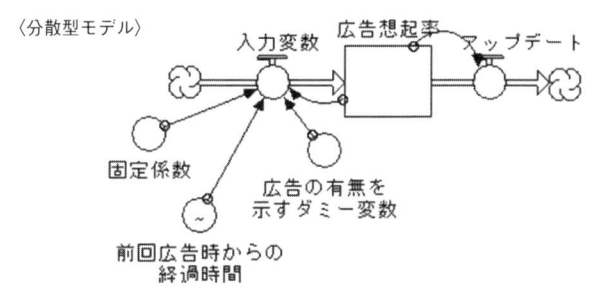

図 7.9　回帰モデル式に基づく SD シミュレーション・モデル

7.3.3 広告接触行動のシミュレーション・モデルの実行例

図 7.10, 7.11 は,「初期集中型」と「全期分散型」の広告投下シミュレーション実験の結果である. Zielske（1959）の実験結果の例を再現した結果となっている.

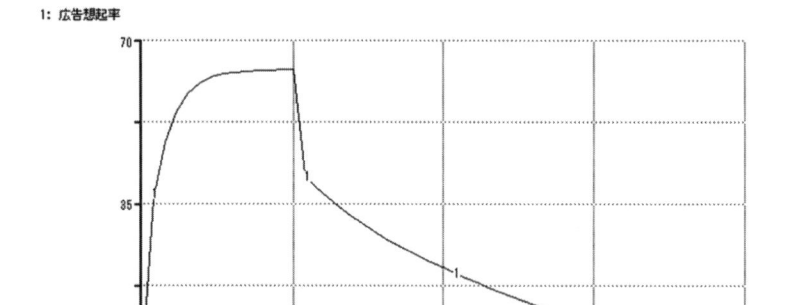

図 7.10 「初期集中型」実行例

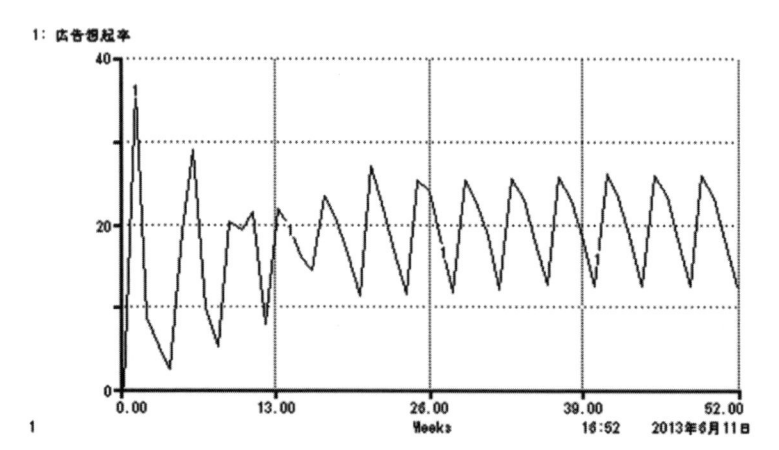

図 7.11 「全期分散型」実行例

7.3 事例研究（2）広告接触行動のシミュレーション・モデル

図7.12は，太田（2008）で紹介されているStellaのソースコードを利用して，筆者が作成したモデルのパラメータや条件の設定を操作可能するモデルの画面である．定数の変更，広告の出稿パターンの変更などを可能にしている．

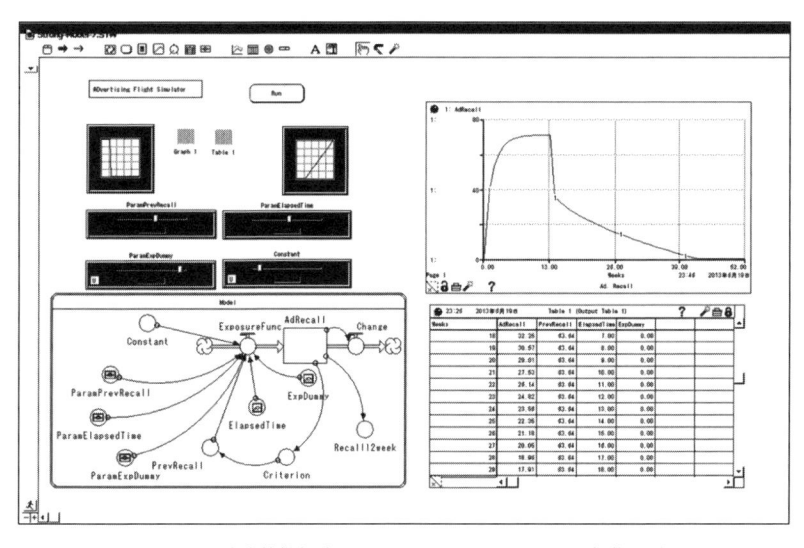

図7.12 広告接触行動のシミュレーション・モデルの操作画面

Stellaの実行ソースプログラム：
Strong_model_2_for_Mac.STMX
< Windows Version 10.4 >
StrongModel1.STMX
StrongModel2.STMX
StrongModel-GUI-10-1.STMX

8. ネットワーク型消費者行動モデル

> 本章では口コミの伝播プロセスについてネットワーク型感染・伝播行動モデルを例に概要の解説を行っている．事例研究として，媒体接触行動についてマルチ・エージェント型のシミュレーション・モデルによる再現を行っている．特に，ネットワーク型の構造をもった広告伝播モデルについて，エージェントの情報処理ルールや情報発信確率の測定結果に基づく広告接触回数と，広告想起の関係のシミュレーション・モデル化について詳しく解説を行っている．

8.1 口コミの伝播プロセス・モデル

マルチエージェント・シミュレーションによる空気感染モデルの簡単な事例を紹介して，広告効果プロセスへの適用の可能性を検討する．具体的には，「口コミ」の伝播プロセスをシミュレートするモデルである．

8.2 事例研究（1）：ネットワーク型感染・伝播行動モデル

このモデルは山影（2007；p.195）で紹介されている構造計画研究所のartisocで記述された感染モデルをベースにシステム仕様を拡張したものである（artisoc：実行ファイル：WoMforMac1.0.model）．

8.2.1 感染モデルの口コミ・モデルへの修正

ベース・モデルは一定のエージェント人口数を擁する「人工社会」の中で風邪のような空気感染する伝染病が蔓延，終息する状況をシミュレートするものであ

る．このシミュレーション・モデルの基本となる操作条件は患者が放出する病原菌の数である．

口コミ・モデルへ読み替えると，放出数は消費者が他の人に「口コミ情報」を発信する数である．その他の操作可能な条件（シナリオ）としては，感染の初期確率，感染する閾値（病原菌数），治癒に必要な期間（回復日数），観察期間などがある．今回の事例ではその他の条件は一定としてシミュレーションを行った．モデル構築の KISS 原則[注1]に従って，組み込んだ患者エージェントの行動ルールをフローチャートの形式で表現したのが図 8.1 である．

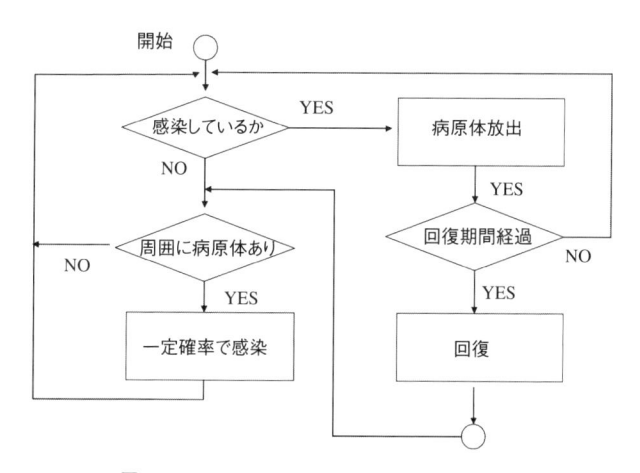

図 8.1 エージェント・ルールのフローチャート

8.2.2 感染モデルのシミュレーションの結果と考察

図 8.2 は，放出病原体の数の違いによる空気感染の状況（口コミの伝播プロセス）を比較した時系列グラフである．患者が放出する病原菌の数が 6 を超えると感染が大きく広がることを示している．放出病原体数 8 の場合の最大感染率は 77％で上昇傾向が顕著である．放出病原体数 5 の場合は，最大感染率が 28％で，横ばい状況から緩やかに感染率が低下する傾向を示している．

一方，放出病原体数 4 以下では最大感染率は 13％で急速に感染率が低下し，流行が終息する傾向にあることを示している．

図 8.6 は，初期感染率を 1％と 10％に想定した場合の感染状況の推移を比較したものである．

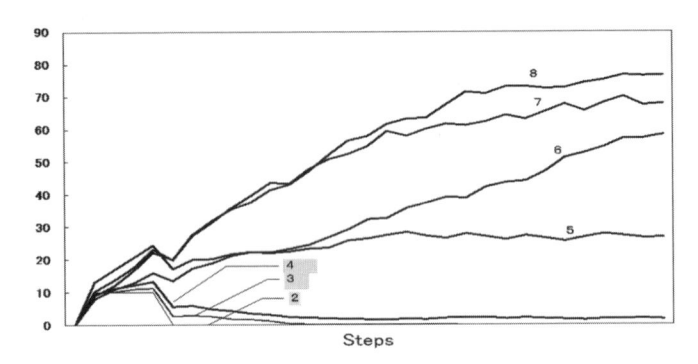

118　　　　　　　　8. ネットワーク型消費者行動モデル

図 8.2　放出病原体数別　時系列グラフ［単位：％］

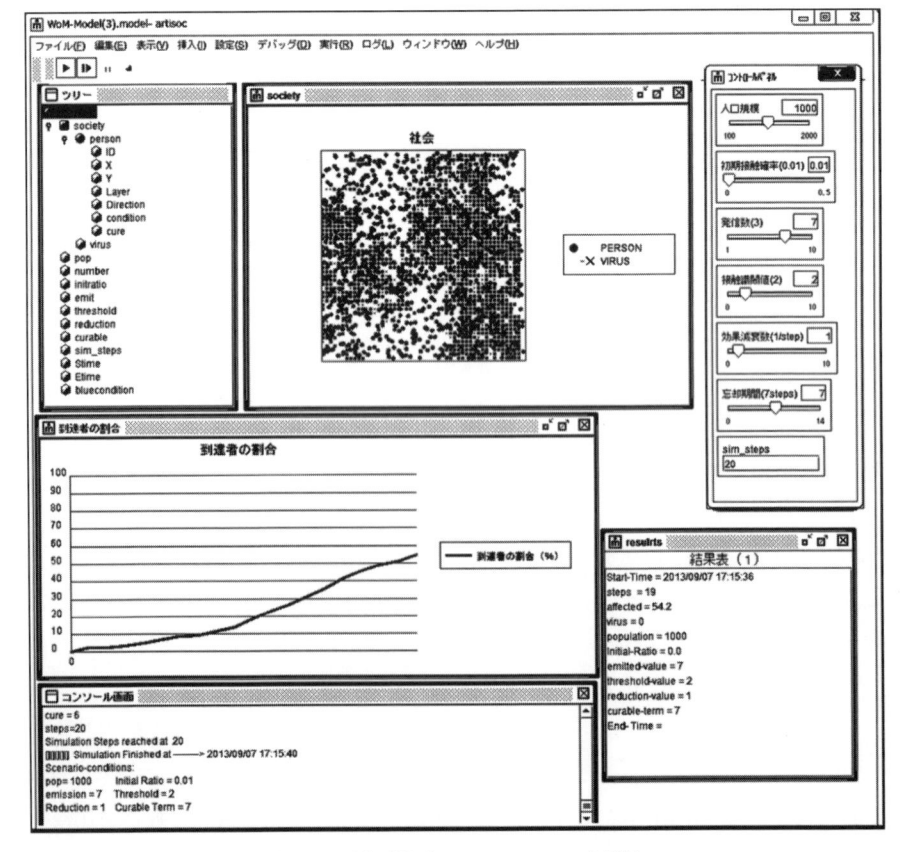

図 8.3　空気感染型口コミ・モデルの実行例

8.2 事例研究（1）：ネットワーク型感染・伝播行動モデル

Scenario-conditions:
pop = 1000　　Initial Ratio = 0.01
emission = 7　Threshold = 2
Reduction = 1　Curable Term = 7

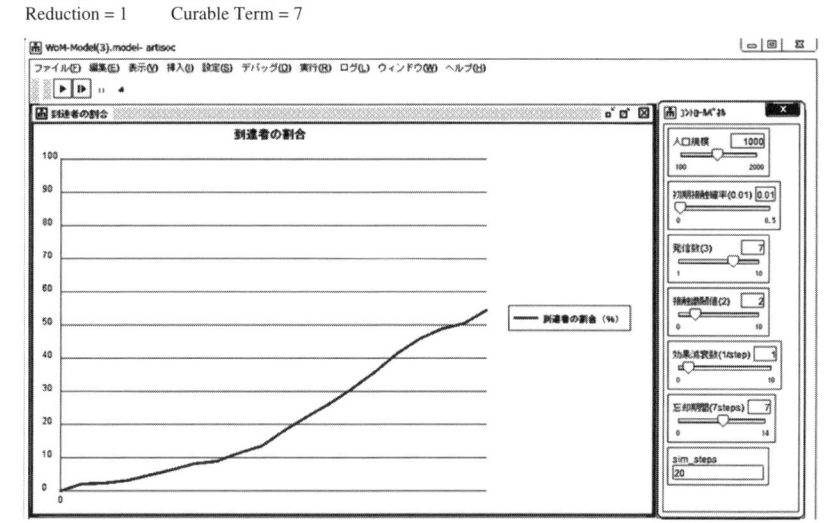

図 8.4　初期感染率 1% の場合：感度分析（1）

Scenario-conditions:
pop = 1000　　Initial Ratio = 0.1
emission = 7　Threshold = 2
Reduction = 1　Curable Term = 7

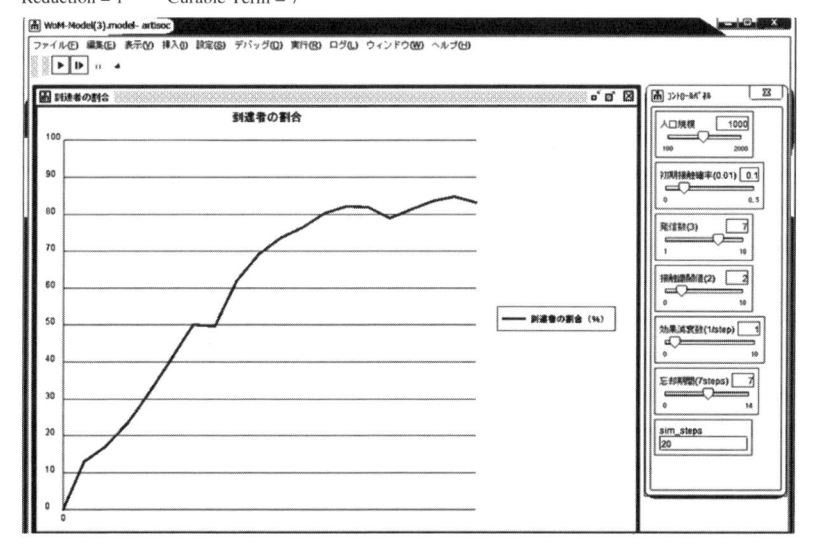

図 8.5　初期感染率 10% の場合：感度分析（2）

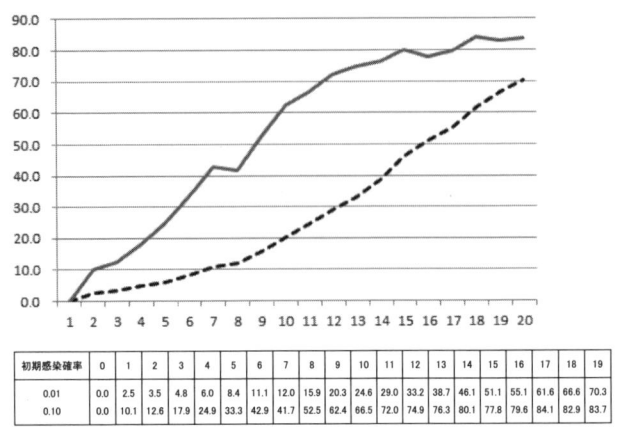

初期感染確率	0	1	2	3	4	5	6	7	8	9	10	11	12	13	14	15	16	17	18	19
0.01	0.0	2.5	3.5	4.8	6.0	8.4	11.1	12.0	15.9	20.3	24.6	29.0	33.2	38.7	46.1	51.1	55.1	61.6	66.6	70.3
0.10	0.0	10.1	12.6	17.9	24.9	33.3	42.9	41.7	52.5	62.4	66.5	72.0	74.9	76.3	80.1	77.8	79.6	84.1	82.9	83.7

図 8.6 初期感染率による比較グラフ

8.2.3 口コミ・モデルによる仮説の発見

口コミ・モデルのシミュレーション(実験)の結果から得られた仮説は,「消費者が他の人に「口コミ」発信する人数が「6」を超えると情報は広く伝播する」というものである.「口コミ」発信人数に関して,情報が広く伝播するかどうかの境目,すなわち「閾値」が存在するとの仮説が,この「実験」結果として導かれる.

8.2.4 モデルの拡張とチューニング

本格的な実験では観察期間を延ばし,人口数を増やして,設定条件(シナリオ)を体系的に変化させて,結果の比較する必要がある.今回の事例は単純なモデルの割にはかなりの計算(シミュレーション)時間を要した.今後は,モデルの拡張と並行してさらなるチューニングが必要である.

8.3 事例研究 (2) 媒体接触行動の再現モデル

8.3.1 媒体接触行動モデルの理論的根拠と仮定

媒体接触行動モデルは以下の仮定を元に,ベータ二項分布(BBD:Beta-Binomial Distribution)モデルを用いている.

仮定①:広告媒体に接触する確率 P は対象者ごとに異なるものとしても,対象

者全体の中で確率Pの分布は，β（ベータ）分布に従っている（図8.7）．

仮定②：媒体接触する確率Pが一定である対象者をグループにくくった場合，N回の接触回数の分布は二項分布で与えられる（図8.8）．

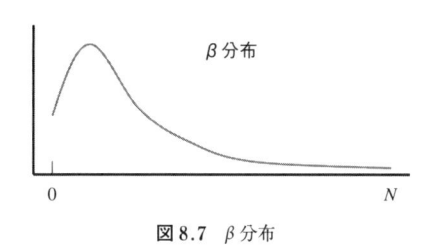

図8.7　β分布

確率P	対象者の分布	
0.0	10人	
0.1	20人	確率が一定である対象者のグループ →「二項分布」
0.2	50人	
0.3	45人	「β分布」（サイコロの配り方）
0.4	40人	
⋮	⋮	
0.9	6人	
1.0	3人	

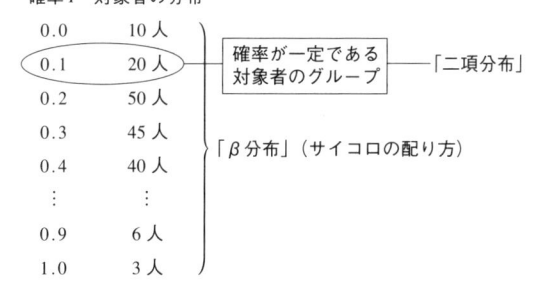

図8.8　接触回数の分布

以上のことから，全体の対象者の中で接触回数の分布は，ある一定の確率Pを持ったグループごとの二項分布を，そのグループの大きさ（β分布で与えられる）をウェイトとして積算すれば求めることができる．たとえば，対象者に1個ずつサイコロを持たせる．このサイコロをN回ふらせて「2」の目が出る回数を数える．これによって「2」の目が出た回数ごとの対象者の分布をとる．もし，すべてのサイコロが均質で「2」の目が出る確率が同じであれば，この分布は二項分布に従う．しかし，サイコロが均質でなく偏っていて，「2」の出る確率がひとつひとつ異なっているならば，二項分布でなくなる．そこで，このような場合に，「2」の出る確率が同じであるサイコロを持っている対象者を1つのグループにまとめてしまえば，このグループの中では回数分布は二項分布になる．全グループの合計の分布を求めるには，対象者へのサイコロの配り方によって一定の確率のサイ

コロを持っているグループの大きさがわかれば，これをウェイトとして二項分布を合計すればよいことになる．つまり，このグループの大きさが β 分布で与えられると仮定するのが合成分布モデル：ベータ二項分布（BBD）モデルである．

8.3.2 マルチ・エージェント型広告接触行動のシミュレーション

この BBD モデルを，マルチ・エージェント型のシミュレーション・モデルとして，NetLogo のユーザー・インターフェースを用いて「再現」したのが図 8.9 のシステムである（実行ファイル名：ACPS_BBDDemo-7.nlogo）．

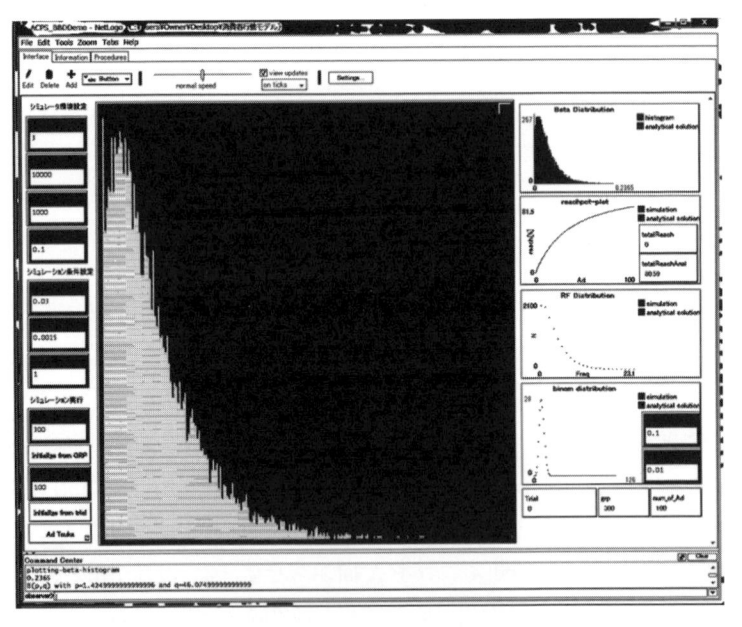

図 8.9 マルチ・エージェントによる BBD モデルのシミュレーション

8.4 事例研究（3）ネットワーク型の構造を持った広告伝播モデル

図 8.10 はこのモデルの基本構造を表現した概念図である．要約すると広告情報は，マス媒体（テレビやインターネット）を起点として発信され，口コミやソー

シャル・メディア（SNS）を媒介とするコミュニケーションを生起させるというモデルである．ここでは，広告計画システムの構築を前提としているので，広告の効果測定の指標としては広告想起率を用いている[注2]．

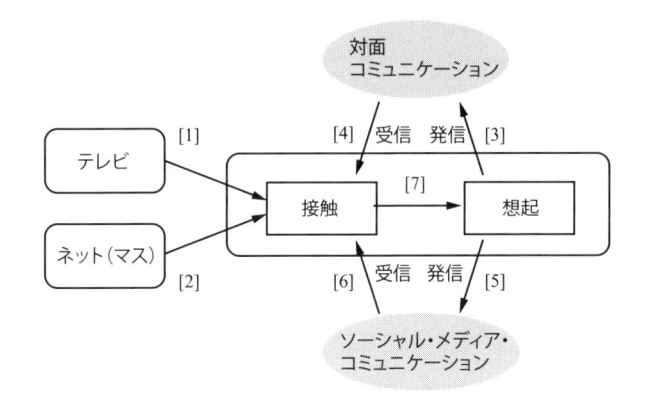

図8.10 マス広告と口コミ/SNSによる広告伝播モデル

図8.10の［ ］内の番号は以下のようなモデルの「状態」を示すものである．

広告キャンペーンにエージェント（消費者）が接触し［1, 2］，接触したエージェントのうち何割かがその広告を想起できる状態になる［7］．さらに，そのうちの一部が発信者となって口コミ・ネットワークやソーシャル・メディア・ネットワークを通じて他のエージェントへ広告情報を伝え［3, 4, 5, 6］，受信者を広告想起できる状態にする［7］．これらのプロセスを繰り返すことで最終的にエージェント個別の広告想起の有無をシミュレートし，「広告想起率」の集計が可能となる．

8.4.1 エージェント・モデルの構造と情報処理ルール

a. 広告接触モデル（接触回数の割り当てルール）

テレビ広告ではGRP（Gross Rating Points），インターネット広告ではImp（Impression）を広告量の入力単位としている．テレビ広告の場合，GRPが与えられると同時にベータ分布するテレビ広告接触確率をエージェント毎に分配し，広告出稿本数（GRP/平均接触確率）に対して，各々の接触確率に応じた接触回数をエージェント毎に算出する．インターネット広告では，ガンマ分布するPV（ページ・ビュー）量をエージェント毎に分配し，広告出現確率（出稿Imp/総PV）

に応じた接触回数を，負の二項分布モデルによってエージェント毎に割り当てている．

b. ネットワーク構造はガンマ分布

当初，ネットワーク（対面ネットワークとソーシャル・メディア・ネットワーク）はスケールフリーを想定していた．つまり，次数（エージェントが持つリンク数）分布はべき乗則によっており，$p(k) \propto k^{-\gamma}$，（k：次数，$p(k)$：次数kのノードの割合，γ：定数）で表現できると考えていた．しかしながらその根拠は乏しく，Barabasi & Albert (1999) のネットワーク構造理論を借用したものであった．対面コミュニケーション・ネットワークの形状は実際のところどのような形なのか，個人が一定時間に会話した人数を調査することで対面ネットワークの次数分布を調べる実証調査を実施した．結論は，ガンマ分布で近似可能であることがわかった．図8.11は，横軸に1週間で「身近な話題やスポーツ芸能情報などに関する会話」をした人数，縦軸にその構成割合をとり，実データ分布にガンマ分布をフィッティングした結果を示している．

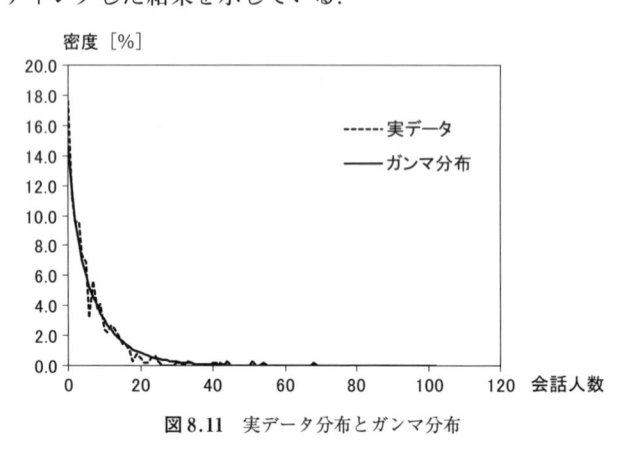

図8.11 実データ分布とガンマ分布

以下はガンマ分布の関数定義である．

$$Gamma(x, \alpha, \beta) = c \cdot x^{\alpha-1} e^{-x/\beta}$$

xは会話人数である．αは分布の縦方向の凸凹の形状を，βは横軸のスケールを規定するパラメータである．また，$\alpha \times \beta =$ 期待値，すなわち平均会話人数となる．

図8.11のガンマ分布は $\alpha = 1.13$，$\beta = 6.75$ であるが，調査で「雑談程度」の会話人数と「深い話題」の会話人数を調べた結果のパラメータ α，β の値は，

雑談程度　　　α=2.07, β=7.62
深い話題　　　α=1.01, β=5.92

であった.

会話の深度によるパラメータの変動幅は，どのような情報が対面コミュニケーションのネットワークを流通するかでそのネットワーク構造が異なることを示唆している.

c. 家族とその構成人数を考慮した対面ネットワークの構築ルール

口コミのようなリアルなコミュニケーションは，家族外より家族内でなされることが多いことが明らかになったので，以下のようなルールを設定した.

・国勢調査などに基づき世帯人数別に世帯と世帯内個人を生成
・個人（エージェント）に対してガンマ分布によりネットワーク次数を付与
・世帯内で優先的にネットワークを作成
・余ったネットワーク次数を家族外に張る

以上のような作業ステップで対面ネットワークを構築した.

d. スケールフリーなソーシャル・メディア・ネットワーク

ソーシャル・メディア・ネットワークはスケールフリーであることが確認された．べき乗則定数は$\gamma=2.1$である．図8.12に事例を示す．

$$p(k) \propto k^{-\gamma}$$

ただし，k：次数，$p(k)$：次数kのノードの割合，γ：定数

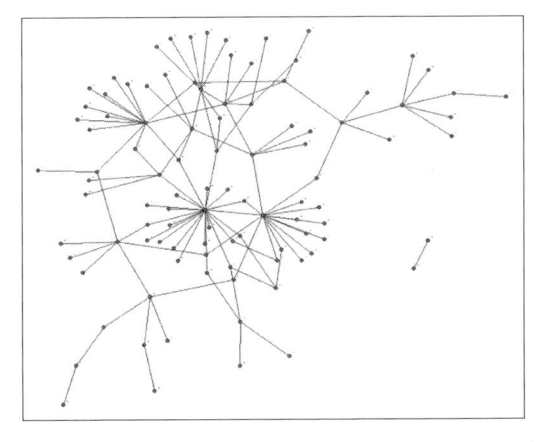

図8.12 スケールフリーネットワークの事例（$\gamma=2.1$；$N=100$）

8.4.2 受信経路別情報発信確率の測定

エージェントは，テレビやインターネットのマス・メディア，対面ネットワークおよびソーシャル・メディア・ネットワークを通じて情報を受信するが，どの経路から受信するかによって発信確率が異なり，効果的なコミュニケーション経路の組合せがあるという仮説のもと，ネット調査によってその確率を求めた．受信経路別に発信確率は「自動車」に関する情報の場合，過去1週間で特定のブランド情報に接した人数が全体で4,171人，その情報を誰かに発信した割合は0.438（発信確率）であった．

a. 受信経路による情報発信確率の違い

受信経路別に「全体」との比率の差の検定を行った．

ソーシャルと対面に関しては，受信有りの場合には有意に発信確率が有意に高くなっている（0.537；0.690）．マスは0.422と全体の0.438より低く有意差はない（表8.1）．

表8.1 受信経路別全体との比率の差の検定結果

	人数	発信確率	検定
全　体	4171	0.438	—
マス・メディア	3261	0.422	ns
ソーシャル	464	0.537	＊＊＊
対　面	1743	0.690	＊＊＊

（有意水準　＊＊＊：0.1%　＊＊：1%　＊：5%）

ソーシャルおよび対面での受信は発信の有無に対して効果有り，マスコミの場合は効果無しのようにみえる．

b. 組合せ効果を考慮した受信経路別発信確率の比較

表8.2は組合せ効果を考慮した受信経路別の発信確率を比較したものである．マス・メディア受信（有）に着目すると，ソーシャル（無）かつ対面（無）のケースでは，0.248である．ソーシャル（有）かつ対面（有）のケースでは，0.805で，マス・メディア受信の効果が有意に認められる．

8.4 事例研究 (3) ネットワーク型の構造を持った広告伝播モデル

表 8.2 受信経路の組合せ別発信確率の比率の差の検定結果

						人数	発信確率	
全体						4171	0.438	検定
マス・メディア	有	ソーシャル	無	対面	無	1877	0.248	＊＊＊
マス・メディア	有	ソーシャル	無	対面	有	1017	0.684	＊＊＊
マス・メディア	有	ソーシャル	有	対面	無	198	0.404	ns
マス・メディア	有	ソーシャル	有	対面	有	169	0.805	＊＊＊

(有意水準　＊＊＊：0.1%　＊＊：1%　＊：5%)

　マス・メディアからの情報受信は単独より，他の経路との組合せで効果を発揮するという相乗効果が認められる．

　この調査結果の分析から，受信から発信の過程で最も影響力があるのは対面コミュニケーションであることが明らかで，情報発信の確率の高低は対面経由か否かで決定されている．一方，ソーシャルは受信者の人数が少ないため効果が限定的になっている．以上の実証データから得られた知見をもとに，このモデルではエージェントの受信経路別で発信確率をパラメータとしてエージェントに実装した．

8.4.3　広告接触回数と広告想起の関係のモデル化

　広告接触回数と広告想起の関係においては，「スリー・ヒット・セオリー」など，広告の接触回数が多くなれば広告を想起する人が増えるという一般論がある．しかし，少しの接触で反応する人がいる一方で何回接触しても想起しない人がいるのも実態である．広告接触回数と広告想起の関係について，商品カテゴリやブランド，個人差を考慮した推定モデルをエージェントに実装した．

　個人の異質性を考慮したモデルを作成するため，以下のロジスティック回帰モデルを設定して，パラメータの推定を行った．

$$\ln\left(\frac{p}{1-p}\right) = a_k \ln(x+1) + b_j + c_k r \tag{8.1}$$

ただし，p：t 期の想起確率

　　　　x：接触回数

　　　　r：$t-1$ 期の広告想起有無

a, b, c：回帰係数

k：カテゴリのインデックス

j：ブランドのインデックス

a. エージェントに実装した効用関数モデル

このモデルでは，接触回数が増えるにつれて想起確率が増加すること，およびその水準が前期想起の有無によって大きく異なることを組み込んでいる．エージェント・モデルへの実装には (8.1) 式をベースとした次の効用関数モデルを用いた．

$$V_{ij} = a_k \ln(x_i + 1) + b_j + c_k r_i + d_{ik} + \varepsilon_{ij} \tag{8.2}$$

ただし，a, b, c は

$V_{ij} > 0$ ならば，i は j を想起する

V_{ij}：個人 i のブランド j に対する効用値

d_{ik}：個人 i カテゴリ k についてのダミー変数

ε_{ij}：確率変数

このモデルの構造は個人別の想起しやすさを表現するパラメータ d_{ik} を追加して，d_{ik} が大きければ大きいほど個人 i はカテゴリ k を想起しやすいというものである．

b. エージェント・シミュレーションの利点は相互作用

複数のモデルを組合せて実装することでエージェント間のネットワーク上での相互作用を表現できるようになった．以下は，そのシミュレーションの実行結果の一部である．

c. お茶飲料ブランドのシミュレーションの実行結果

図 8.13 は，お茶飲料ブランド A のある時期のテレビ広告量（15 秒換算 GRP，左目盛り）とインターネット広告量（Impression，右目盛り）である．また，図 8.14 は同時期の広告想起率の実測値とシミュレーション結果である．

8.4 事例研究 (3) ネットワーク型の構造を持った広告伝播モデル

図 8.13 お茶飲料ブランド A のある時期の広告量

図 8.14 お茶飲料ブランド A の実測の広告想起率とシミュレーション結果の比較

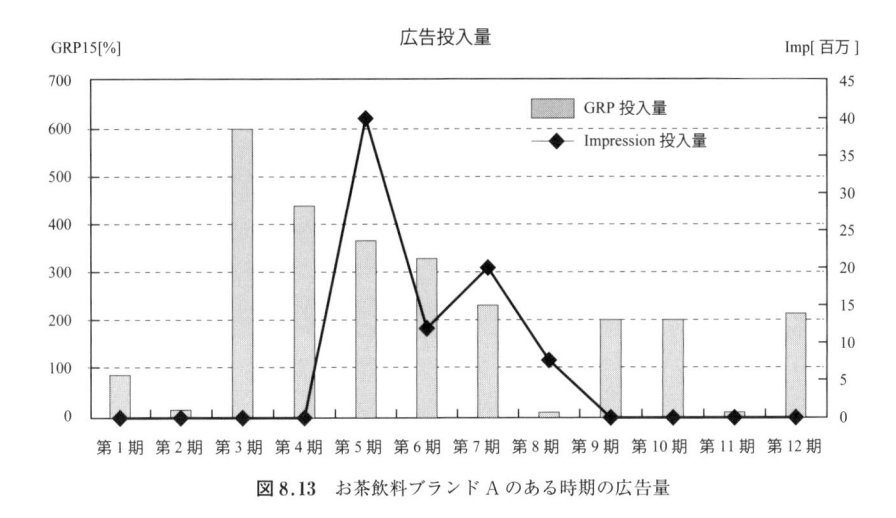

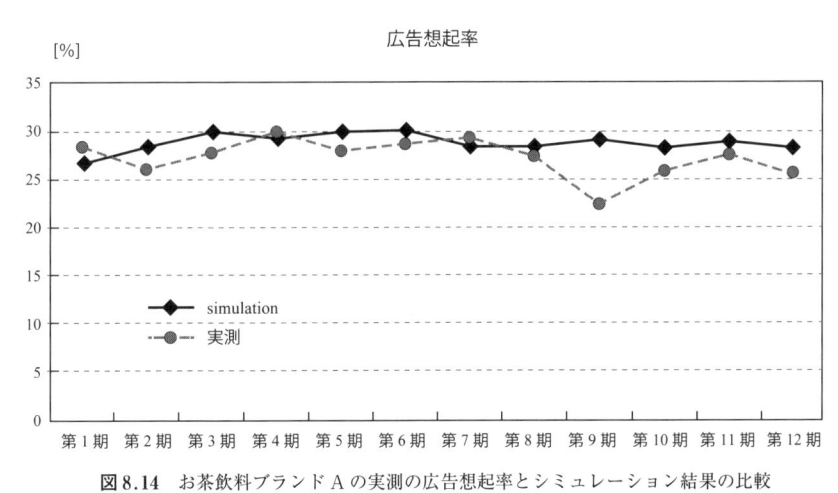

8.4.4 シミュレーション結果：実測値の傾向を再現する結果

図 8.14 のシミュレーションでは概ね実測値の傾向を再現する結果となっている．

図 8.15 は，エージェントがどのような経路組合せで想起に至ったかの内訳を表したグラフである．テレビとインターネットの広告経由での想起参入が 9 割以上あり，マス広告の効果が大きいことがわかる．しかし，対面ネットワークや SNS 経由で想起するといったエージェント間の相互作用も認められる．

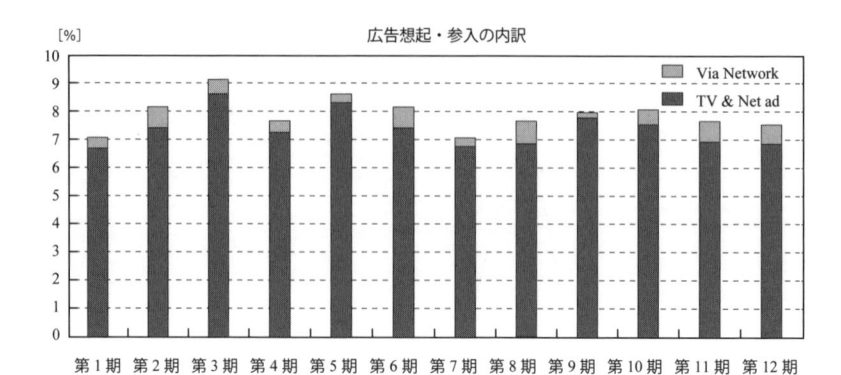

図8.15 経路組合せ別想起率の推移

8.4.5 課題はモデルの一般化

個々の独立したモデルを実測データから構築し，それらを組み合わせることで相互作用を取り込んだネットワーク型のシミュレーション・モデルを紹介した．今後の課題はモデルの一般化と検証可能で信頼性あるモデルの構築である．

さらに，コンピュータ上で大量のエージェントを動かすことで，将来的には，ハブとなるエージェントからの情報伝播の様子を観察することにより，マクロ・モデルでは，パラメータ推定が困難であったテレビと他メディアの相互作用の効果をモデル化できるものと考えている．

■注

(1) KISS（原則）は Keep It Simple and Stupid の略語．
(2) 事例研究 (3) は，マルチ・エージェント型広告計画シミュレーション・システム（ACPS: Advertising Contact Process Simulator）に関する筆者らの共同研究に関する鈴木暁氏の論文（日経広告研究所報 264 号，pp.19-24）の一部を修正，対象商品を変更して筆者がその要約をしたものである．なお，ACPS は木戸茂（法政大学大学院），鈴木暁（株式会社ビデオリサーチ），北中英明（拓殖大学商学部），中村仁也（株式会社ゴーガ），による共同研究プロジェクトである．

9. 消費者の心理空間モデル

> 本章では消費者の知覚空間を知るための解析手法の適用に関して，理想ベクトル・モデルによる仮想事例の分析を基に概要を解説している．事例研究として企業イメージに関する課題解決の手法提案と企業イメージ改善のためのシミュレーション・システムの実行例について詳しく紹介している．

9.1 知覚空間の分析モデル

　企業と消費者の心理的関係を象徴するものの1つは，企業イメージやブランド・イメージである．消費者のイメージ測定は「心像」，すなわち心理的空間を計量的に定義し，測定することである．心理的空間の測定は消費者の知覚空間と嗜好空間の測定である．その第一歩は消費者の知覚空間の構成次元を知り，その知覚空間の中での企業やブランドの心理的ポジショニングを知ることである．そのためには解析手法とその適応に関するノウハウが必要である．

　消費者の知覚空間の構成次元（因子）を知るための手法の1つが因子分析（Factor Analysis）である．その知覚空間の中での，企業やブランドのポジショニングを知る手法の1つが多次元尺度構成法（Multi-Dimensional-Scaling method）である．知覚空間の中で，企業やブランドに対する態度，心理的評価などの調査データなどからそれぞれの「座標」を推定するための手法としては対応分析（Correspondence Analysis）がある．

9.2 消費者の知覚空間を知るための解析手法

知覚空間を知るための解析手法（Perceptual Mapping Techniques）は Urban et al.（1987），Urban & Hauser（1993）のマーケティング・サイエンスの古典的教科書[注1]で紹介されて以来，「学会」「業界」では周知の「知識」である．しかし，解析計算のプログラムと適用ノウハウとが揃わないために十分に利用が普及していない．科学的根拠のない「主観的マッピング」が横行しているのが現状である．

上記の教科書が発表された当時は，大型コンピュータの使用と専用のプログラムの開発が必要であったり，多くの制約が存在した．現在では，知覚空間での座標の計算など自体は，SPSS などの市販の統計計算パッケージの分析メニューから可能である．本書では，知覚空間を解析するプログラムを Scilab で用意した．

9.2.1 解析手法の適用ノウハウ

表 9.1 は知覚空間を知るための解析手法の比較をしたものである．

各手法の背景にある理論や数式表現は，最小限に留めるが将来の発展的利用のためには基本的な理解が必要である．理論を体得できるように図解による解説を行う．

表 9.1 心理的空間を知るための解析手法の比較

手法	入力データの測定尺度	適用上の利点	適用上の問題点
因子分析法	評定スコア，比率尺度値	消費者調査などでの入手が容易，因子の解釈が可能	適切な測定尺度（設問）が必要．因子の解釈に一意性がない
多次元尺度構成法	親近性・類似度の主観的データ，順位データ	順位データから刺激の空間布置（座標）が得られる	分析プログラム（手法）に定番がない．空間軸の解釈に一意性がない
対応分析法	クロス集計データ，相関，距離データ	既存データを利用した分析が可能	刺激の空間布置や次元・軸の解釈に一意性がない

9.3 事例研究（1）企業イメージに関する課題解決

9.3.1 企業イメージ形成モデル

一般に企業イメージの形成は単純化すると，企業やブランドに関連する諸々の「接触点」（コンタクト・ポイント）が「経験」として蓄積され，一定の心理学的な情報処理の結果，「イメージ」が形成されると考えられている．このようなプロセス・モデルについては第1章で取り上げた購買行動に関するHoward-SethモデルやBettmanモデルの一部として研究されている．

ここでは図9.1のような企業イメージ形成の基本モデルを想定している．

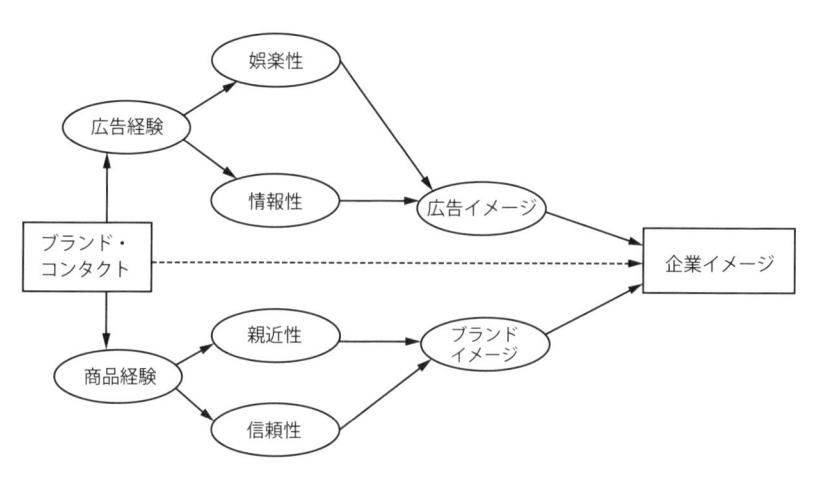

図 9.1 企業イメージ形成の基本モデル

このモデルでは企業イメージの源泉は，生活者とブランドの接点としての「広告経験」すなわち，マス広告（インターネットを含む），屋外広告，口コミ，イベント，広報メディア（テレビ・ラジオ番組，雑誌・新聞記事など）を媒介とした「広告イメージ」と，個別のブランド体験，コーポレート体験，すなわち「商品経験」を媒介とした「ブランド・イメージ」の融合であるとしている．

9.3.2 コンタクト・ポイントの測定と管理

コンタクト・ポイントの測定と管理に関しては，コンタクト・ポイントの抽出と，抽出コンタクト・ポイント別の重要度の測定および企業イメージとの関連性の分析が課題である．

```
[コンタクト・ポイント] → ( y_j = f(重要度 × 接触頻度) ) → [企業イメージ]
```

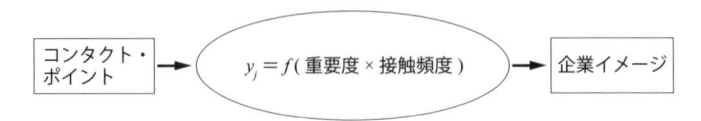

図 9.2 コンタクト・ポイントと企業イメージの関数関係

9.3.3 ポジショニングを規定するコンタクト・ポイントとイメージ

企業のポジショニングすなわち，消費者の心理空間上の座標を規定するのは企業イメージとコンタクト・ポイントである．

その関数関係は次のように定義できる．

$$C = f(I), \quad I = f(P)$$

ただし，コンタクト・ポイント $(P) = w_1 M_1 + w_2 M_2 + \cdots + w_i M_i$

　　　　企業イメージ　　　　$(I) = a_1 P_1 + a_2 P_2 + \cdots + a_i P_i$

　　　　心理空間座標　　　　$(C) = b_1 I_1 + b_2 I_2 + \cdots + b_i I_i$

　　　　M_i：コンタクト媒体

9.3.4 コーポレート・ブランディングの課題

a. 自社ポジショニングの明確化

コーポレート・ブランディングの課題の1つに，「理想的」な企業としてのポジショニングはどこにあるべきかという素朴な疑問がある．自社のポジショニングの明確化である．この疑問に答えるためには，競合他社，一流企業や「ベンチマーク」とする企業との「相対的」位置関係の把握が必要である．このための解析手法が表 9.1 である．ただし，これらの手法により描くことができるのは，「現状」のポジショニングである．

b. 目標ポジションの設定：「理想的」ポジショニング

消費者が「理想」とするポジショニングはどこにあるのかという素朴な疑問に

対して，消費者の既存のブランドや企業に対する選好（preference）傾向の「視点」での分析アプローチがある．選好回帰分析によるアプローチである．

c. 選好回帰分析によるアプローチ

この選好回帰分析では，目的変数 Y となるのは分析対象とした企業（ブランド）に対する消費者の「選好順位」データである．説明変数 X_i となるのは消費者の心理空間上での各分析対象企業の「座標」データである．この「座標」は，表9.1の心理的空間を知るための解析手法によって現状でのポジショニングとして得ることができる．

心理的空間を2次元で定義した場合の回帰式は

$$Y = aX_1 + bX_2 + e$$

である．ここで得られた回帰係数 a, b が消費者の既存のブランドや企業に対する選好傾向を表すベクトル（パラメータ）である．図9.3は選好回帰による理想ベクトルの推定の原理を図示したものである．

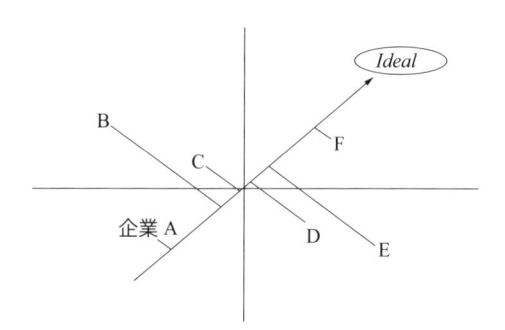

図9.3 選好回帰による理想ベクトルの推定

この例では，消費者の選好は，F＞E＞D＞C＞B＞A　の順であることを示している．消費者の企業（ブランド）に対する「選好順位」と，回帰分析の結果の推定値との残差が最も少ない回帰直線を理想ベクトルとする分析モデルである．この分析モデルは，データとしては消費者セグメント（階層区分）の平均値を用いる計量分析の手法ではあるが，消費者個人レベルでの分析も可能であるため，小標本に対する質的な分析にも活用することができる手法である．

9.3.5 理想ベクトル・モデルによる仮想事例の分析
a. 仮想の企業イメージ調査データ

以下の分析例は，仮想の企業イメージ調査データ（表9.2）から多次元尺度法（ALSCAL）により計算した座標データと対象企業に対する好意度の順位データを入力データとしたものである（実行ファイル名：sciprefit-77.sce）．ただし，順位データは標準的な好意度スコアにデータ変換（1位を10点，11位を0点）するため，スコア＝(11 − 順位) の式を用いた．

表9.2 仮想の企業イメージ調査データ

(%)

企業名	好感を持つ	商品やサービスがよい	信頼感のある	親しみのある	広告をよく見かける
花王	30.0	25.3	29.0	38.3	50.8
松下電工	23.2	24.7	37.8	19.4	40.9
NTT	23.4	19.4	38.9	30.1	54.2
P＆G	15.4	14.6	10.4	15.7	46.8
サントリー	32.5	20.5	22.1	35.1	56.3
日立製作所	18.3	13.1	28.8	17.6	43.6
ファイザー製薬	8.5	5.1	10.3	6.7	26.4
大塚製薬	14.7	13.5	22.8	22.9	46.0
コーセー	20.2	11.1	12.3	15.7	42.1
日本コカ・コーラ	40.9	23.4	23.4	52.6	56.3
資生堂	27.6	23.1	27.9	26.8	58.3

b. 選好回帰分析の実行と分析結果

以下は Scilab で記述した選好回帰分析の実行結果である．表9.3の分析データの Label は企業名，$y(i)$ は好意度スコア，$X(1)$，$X(2)$ は MDS（ALSCAL）で計算した2次元の空間座標 の第1軸と第2軸の値である．表9.4の $b(i)$ は回帰係数，$t(i)$ は t 検定値，$B(i)$ は標準化回帰係数（偏回帰係数）である．図9.4の理想ベクトルは $B(i)$ の値と原点 (0, 0) とを結んだ線である．

分析の精度は修正決定係数（Adjusted R^2）が 0.472261 ではあるが，第1軸 $X(1)$ の t 値は − 0.92329 で有意ではなく，良好とはいえない結果である．

9.3 事例研究(1) 企業イメージに関する課題解決　　　137

表 9.3 分析(入力)データ

```
Table of Input Data    (n=11)
----------------------------------------------------------
    i    Label    y(i)         X(1)         X(2)
----------------------------------------------------------
    1    Ka       10.000000    -0.052380    0.043710
    2    Ms        3.000000     0.164070   -0.028830
    3    Nt        7.000000     0.072270    0.040210
    4    Pg        1.000000    -0.030190   -0.048080
    5    Sn        9.000000    -0.081610   -0.004320
    6    Ht        2.000000     0.007740    0.000780
    7    Fz        0.000000     0.029440   -0.031840
    8    Ot        6.000000     0.013340    0.031060
    9    Ks        4.000000    -0.033940   -0.043460
   10    Cc        8.000000    -0.156550    0.063970
   11    Sd        5.000000    -0.001900   -0.030250
----------------------------------------------------------
```

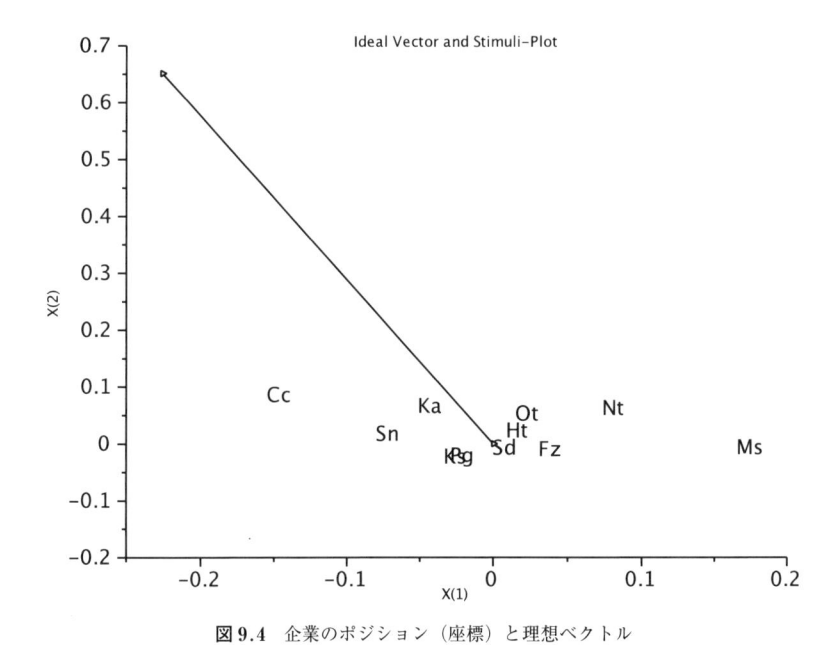

図 9.4　企業のポジション(座標)と理想ベクトル

表9.4 回帰分析結果の要約

```
Table of coefficients:standarized B(i)
-----------------------------------------
    X       b(i)         t(i)       B(i)
-----------------------------------------
    0    4.977791     6.822508
    1   -9.044185    -0.923292   -0.226160
    2   54.775401     2.659569    0.651459
-----------------------------------------
Adjusted R^2 =    0.472261
```

c. 理想ベクトルの解釈

　この仮想分析例の場合，消費者の対象企業11社に対する「平均的な選好」傾向から得られた「理想的な企業」のあるべき位置の方向（ベクトル）は，Ms社ではなく，Ka社の先にあることがわかる．

　この手法では複数の「顧客セグメント」別の選好データを使用することによって，それぞれのセグメントの「理想」像をベクトル（方向性）で表現することができる．

9.4 事例研究（2）トップ企業のイメージ改善のシミュレーション

9.4.1 クリエイティブ管理のためのシミュレーション・システム

　このシステムは，企業（ブランド）イメージのクリエイティブ目標の管理専用に設計されたシステムである．企業（ブランド）イメージの測定データを入力にしたALSCAL（ノン・メトリックMDS）アルゴリズムによるポジショニング・マップの作成と，目標ポジションを得るために測定項目別にどの程度「イメージ向上」（修正）を計るべきかをグリッド・サーチ[注2]で推定することに特化したシステムである．図9.5はポジショニング・マップ・シミュレーション・システム全体のシステム・フローである．

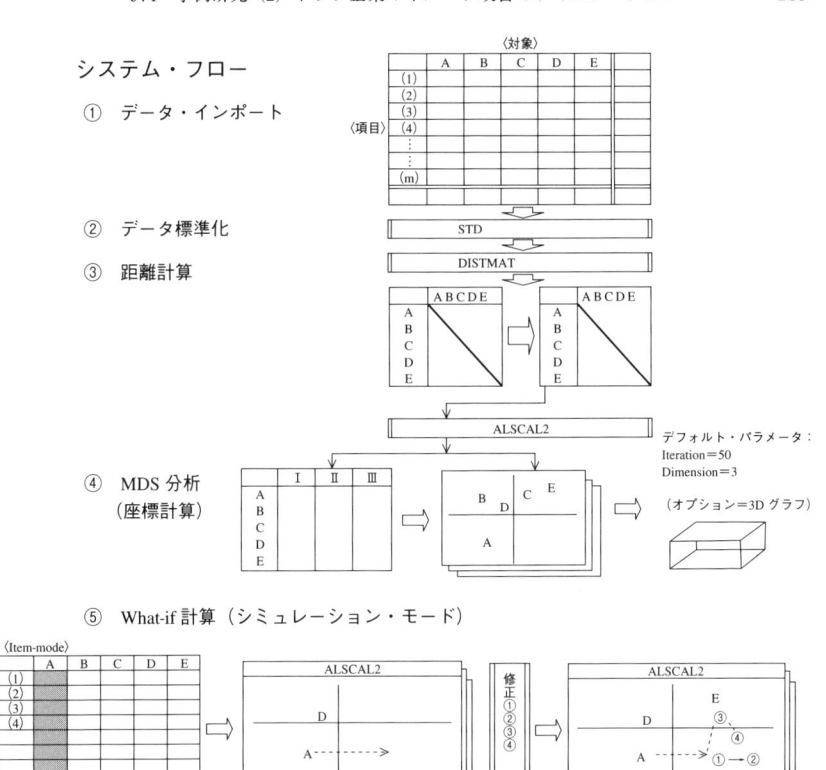

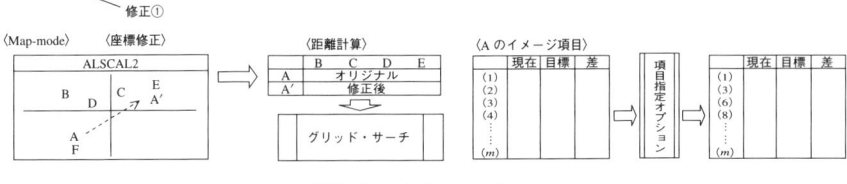

9.4 事例研究 (2) トップ企業のイメージ改善のシミュレーション　　　　139

システム・フロー

① データ・インポート

② データ標準化

③ 距離計算

④ MDS 分析
（座標計算）

デフォルト・パラメータ：
Iteration＝50
Dimension＝3

（オプション＝3D グラフ）

⑤ What-if 計算（シミュレーション・モード）

〈Item-mode〉
修正①

〈Map-mode〉　〈座標修正〉

図 9.5　システム・フロー

　次項で，シミュレーション・システムの主な画面推移と分析結果について解説する．

9.4.2 多次元尺度法による現状分析の実行例

このシステムでは，最初に比較的入手可能な集計済みの企業イメージ・データ（数表）から「現状のポジション」をMDSで分析し，他社との相対的位置関係を把握し，あるべき位置，ポジションを「座標設定」する．

a. データのインポート

CSV形式の集計済データを入力データとして用いる．図9.6は表側がイメージ評価項目（item），表頭が対象刺激（Brand）の行列データである．

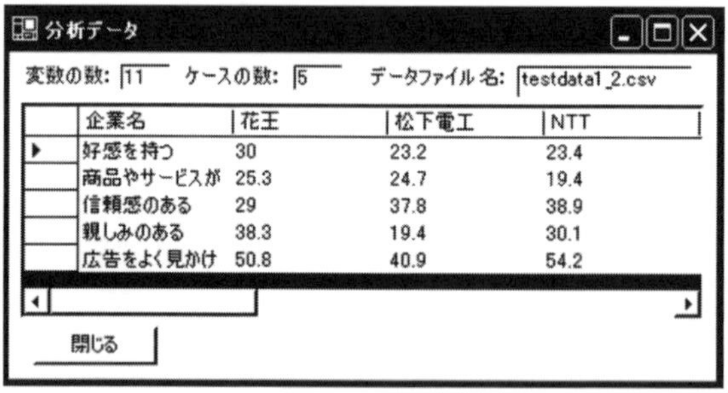

図9.6 入力データ表示画面（例：5項目×11企業）

b. 入力データの標準化と距離行列計算

このシステムでは，入力（比率）データを平均=0，分散=1に標準化している．入力データ（矩形）の表側（item）を次元rとして，対象（brand）間のユークリッド距離を計算している．

c. MDSの収束プロセスと座標計算

ALSCALの収束計算アルゴリズムによりT値（STRESS値）の改善がみられなくなるか，設定した最大回数まで繰り返し計算する．最大10軸まで指定可能で，デフォルトは3軸である．

d. 分析対象のプロット図の表示

全軸間の組合せが指定可．ただし，デフォルトの軸組合せは，1軸×2軸，2軸×3軸，1軸×3軸である．2Dと3Dのプロット図が用意されている．3Dプロット図（図9.7）では，視野角の変更が可能である．軸を選択して［更新］ボタンをクリックするとプロット図が更新される．

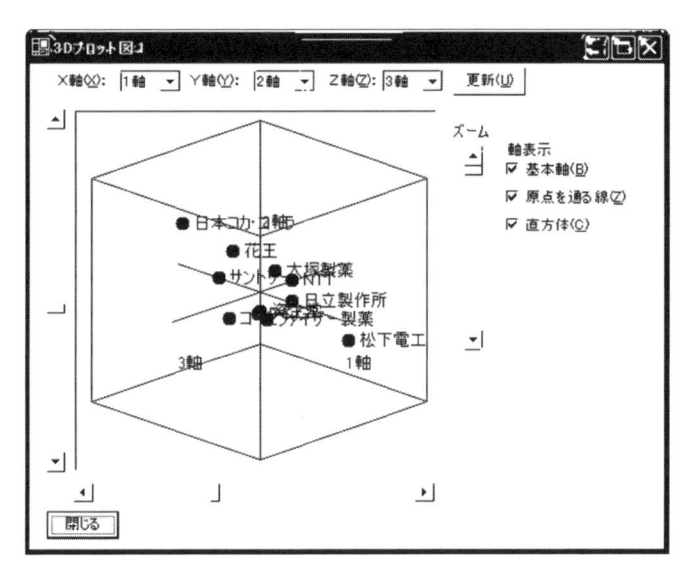

9.4 事例研究（2）トップ企業のイメージ改善のシミュレーション

図 9.7 MDS 分析の 3D プロット図

9.4.3 What-if シミュレーション

このシステムでは設定した目標位置（座標）に移動・修正するためには，自社の企業イメージのどの項目，たとえば「好感度」項目や「信頼性」項目を何パーセント向上させればいいか「数値目標」を出力する．

a. Item-What-if 機能

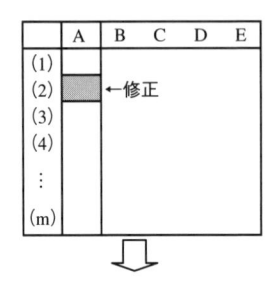

① 入力データ表示画面上で該当ブランドの任意の評価項目の値を修正して，標準 MDS モードで再実行．

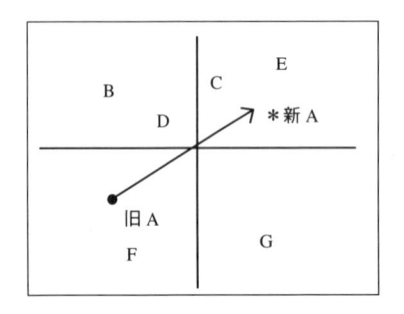

② MDS（標準）モードで得られマップ上に新，旧のポジションを色（形）分けして表示，印刷．

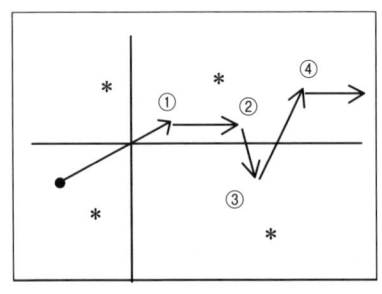

③ 各修正回ごとの自社のポジション表示とその修正内容（履歴）を表示，印刷．

9.4 事例研究（2）トップ企業のイメージ改善のシミュレーション   143

■ Item-What-if の操作ステップ

① MDS 標準分析が実行され，2D プロットグラフが表示される．

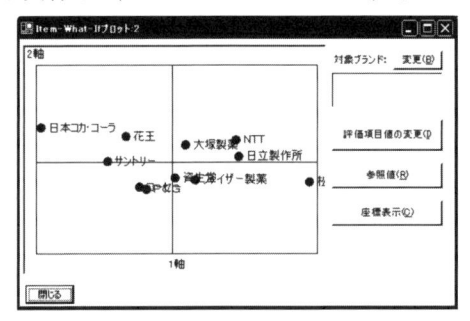

② 評価項目を変更したいブランドを選択する．
③ 必要な変更を行う．
④ 修正した結果は下記のように表示される．

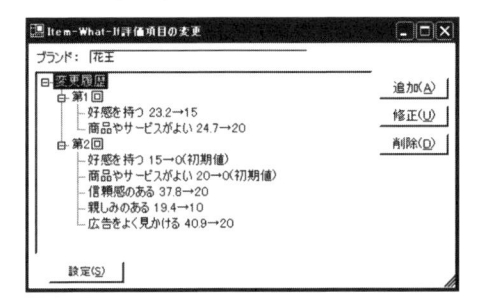

⑤ 修正の履歴がグラフに追記される．

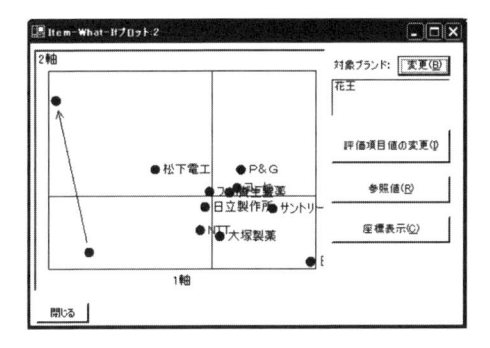

（注）項目修正後の比較のため標準化データは当初データの平均値を用いて計算する．

b. Map-What-if 機能（座標ベースの What-if 機能）

自社ブランドについて，目標となるポジションを画面上で指定（座標修正）した時の各イメージ項目の獲得するべき目標値を，「グリッド・サーチ法」を用いて逆算する機能．Map-What-if のオプションには，修正対象のイメージ項目の指定（限定）をする機能がある．政策的，戦略的に設定したい訴求ポイントのみの目標値の推定を可能にする機能である．

〈入力データ〉

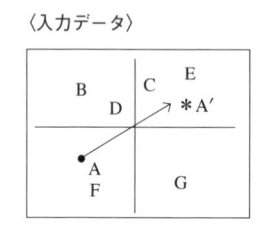

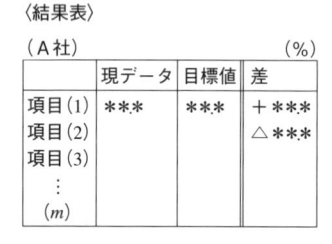

```
        C    E
   B    D   *A′
   ―――――+―――――
        •
        A
        F    G
```

〈結果表〉

（A社）   （%）

項目	現データ	目標値	差
項目(1)	***	***	＋***
項目(2)			△***
項目(3)			
⋮			
(m)			

■ Map-What-if の操作ステップ

① ［目標ポジション分析］をクリックし，必要なパラメータを入力して［実行］ボタンをクリックすると，MDS 標準分析が実行され，指定した軸で 2D プロットグラフが表示される．

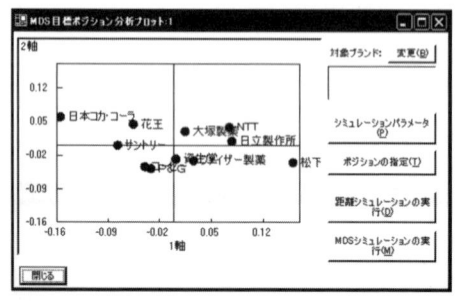

② 対象ブランドを指定する．

9.4 事例研究（2）トップ企業のイメージ改善のシミュレーション　　145

③ ［シミュレーション・パラメータ］条件を指定する．

〈一括指定の画面〉

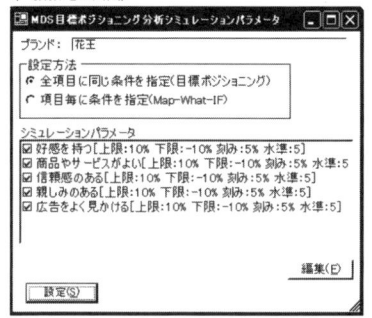

〈項目指定の画面〉

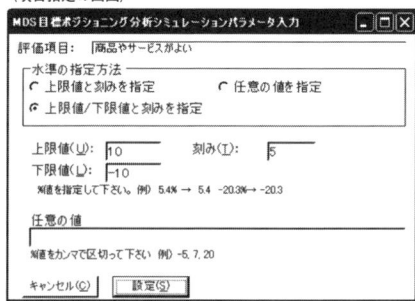

④ ［ポジションの指定］→グラフ上の点をクリックして目標の座標を指定する．

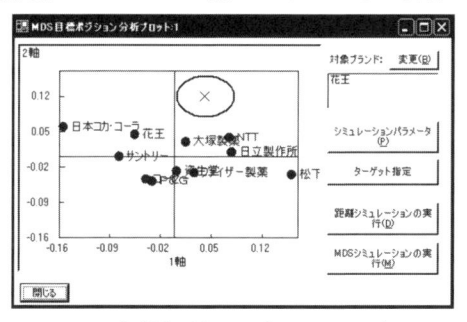

⑤ ［距離シミュレーションの実行］ボタンをクリックしてシミュレーションを実行する．シミュレーションが終了するとプロット上に新しい点と矢印が表示される．「分析結果」ウィンドウも表示される．

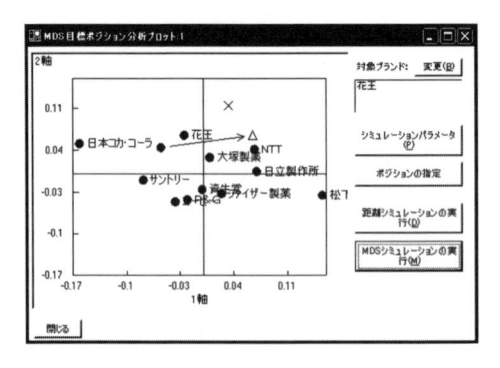

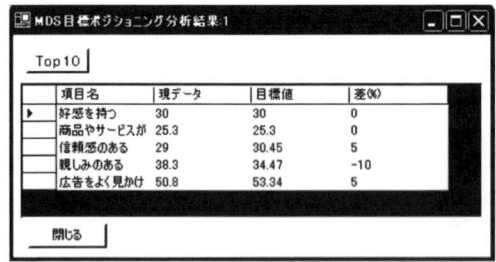

c. 距離シミュレーションと MDS シミュレーションの実行ロジック
(1) 距離シミュレーション
① ターゲットに指定された座標と他のブランドとの距離を求める．この距離はターゲット座標を指定した 2D プロット上で求める．
② シミュレーションパラメータから項目別修正値の組合せを決定する．
③ 項目別修正値の組合せケース毎に距離行列を求める．
④ 求めた距離行列と①で求めた距離の乖離が最も少ないケースを解とする．
⑤ このケースで ALSCAL を実行し，結果を表示する．
(2) MDS シミュレーション
① シミュレーションパラメータから項目別修正値の組合せを決定する．
② 項目別修正値の組合せケース毎に ALSCAL を実行し 2D プロット上の座標を求める．
③ 求めた座標とターゲット座標間の距離の乖離が最も少ないケースを解とし表示する．

注

(1) G L. Urban, J. R.Hauser, N. Dholakia (1987), *Essentials of New Product Management*, Prentice-Hall の邦訳『プロダクトマネジメント：新製品開発のための戦略的マーケティング』グレン L. アーバン他（著），林，中島，小川，山中（訳），プレジデント社（1989）．詳しくは第6, 7章を参照．

Glen L. Urban and John R. Hauser (1993), *Design and Marketing of New Products: 2nd ed.*, Prentice-Hall は上記原著のもととなった詳細版の改訂版である．

(2)

目標値計算ロジック（グリッド・サーチ法）

① 対象（ブランド）の修正後の新座標と他のブランドとの距離計算

	A	B	C	D	E
A	0				
B		0			
C			0		
D				0	
E					0

←―目標座標との距離

② グリッド設定

　対象（ブランド）の各イメージ項目について，現データ値に対し最大10水準（段階）の修正値を設定する．

　〈例〉（a）上限値と刻み幅を与える（例：max.10%：1%刻み）

　　　　（b）任意の数値指定（例：＋5％，＋10％，＋15％など）

　　　　ただし，項目別に修正値の指定パターンを可変とする．

　　　　（元の値の大小によって水準（段階）と刻み幅を可変とする）

③ 項目別修正値の組合せパターン（ケース）生成

	元	+1%	+5%	+10%
(1)		○		
(2)			○	
(3)				○
(4)		○		
⋮			○	
				○
(m)				

→ Case ①
→ Case ②
→ Case ③

（注）水準数を一定とすると水準数の項目数乗のケース数となる

④ ケース別距離計算（標準化平均値固定）

	A	B	C	D	E
A	0				

⑤「目標座標」距離との偏差（d_i）の2乗和の計算

Case	B	C	D	E	Σdi
①					
②					
⋮					
⋮					
mn					

⑥ 最小の偏差2乗和ケースの探索．そのケースについて項目別の修正値を特定する．
⑦ 特定した（A′）の項目別修正値を再入力し ALSCAL2 の Item-mode で計算，修正後の座標を Map 上で確認．
⑧ ズレが大きい場合は，ステップ②に再帰して，再度グリッド設定以下の手続きを繰り返す．

10. 消費者の買物行動モデル

> 本章では買物行動モデルに関して，魅力度-抵抗度 型小売吸引力モデルである Huff Model の概要を解説している．事例研究として，修正 Huff Model を用いた，出店シミュレーションの計算結果に基づく期待吸引人口数の予測と売場面積の適正水準に関する比較検討を行っている．

10.1 買物行動モデルとしての Huff Model

わが国では，Huff Model（Huff, 1963）または小売吸引力モデルは，1970 年代の大規模小売店舗立地法（大店法）による商業調整の関係から，「修正 Huff Model」の形で小売施設（店舗，モール，商店街）への来客数を予測するモデルとして広く用いられた．わが国におけるショッピング・センターの立地意思決定に関する実証研究（小川，1981）では，500 m メッシュのデータをもとにして修正 Huff Model による候補店舗の売上高の予測をしている．

10.1.1 理論モデルと現実のギャップ

修正 Huff Model は大店法の消滅後（2000 年 6 月 1 日廃止）も広く実務的に援用されており，近年は地理的情報システム（GIS）と，グローバル測位システム（GPS）の普及により流通業界では専門のサービス・プロバイダーを利用して日常業務レベルでの応用が盛んである．しかしながら，実務レベルでの利用に際して理論モデルと現実のギャップが存在することも事実である（中西，2011）．

本章では，消費者行動の実証モデルとしての Huff Model をベースに，小売吸引力モデルの基本概念とシミュレーションによるモデルの応用事例を紹介する．

10.2 Huff Model の定義式

Huff Model の基本は，「i 地域に住む消費者が，j 商業集積で購入する確率 P_{ij} は，商業集積の売場面積 S_j の規模に比例し，そこに到達する時間距離 T_{ij} に反比例する」というものである．下記の（10.1）式はその数式表現である．

$$P_{ij} = \frac{\dfrac{S_j}{T_{ij}^{\lambda}}}{\sum_{j=1}^{n} \dfrac{S_j}{T_{ij}^{\lambda}}} \tag{10.1}$$

ただし，P_{ij}：i 地点の消費者が j 地点の商業集積での購買確率（買物出向比率）
　　　　S_j：j 地点の商業集積の売場面積
　　　　T_j：i 地点から j 地点までの時間距離
　　　　λ：時間距離の抵抗パラメータ
　　　　n：競合商業集積の数

10.2.1　修正 Huff Model の定義式

修正 Huff Model（旧通産省版）と基本 Huff Model との違いは，「買物出向比率（購買確率）P_{ij} が，売場面積の規模に比例し，地点間の「移動距離」「時間距離」D_{ij} の2乗に反比例する」という定義で，距離抵抗パラメータ λ の値を「2」に設定していることである．

$$P_{ij} = \frac{\dfrac{S_j}{D_{ij}^{2}}}{\sum_{j=1}^{n} \dfrac{S_j}{D_{ij}^{2}}} \tag{10.2}$$

10.3　事例研究（1）魅力度-抵抗度型小売吸引力モデル

10.3.1　修正 Huff Model の計算例

図 10.1 は魅力度 S_j を売場面積，人口集積 i からの抵抗度 D_{ij} を時間距離（分），人口集積 i の人口を 3,000 人とした場合の仮想事例である．表 10.1 は商業集積（店舗）別の仮想データである．

10.3 事例研究（1）魅力度-抵抗度型小売吸引力モデル

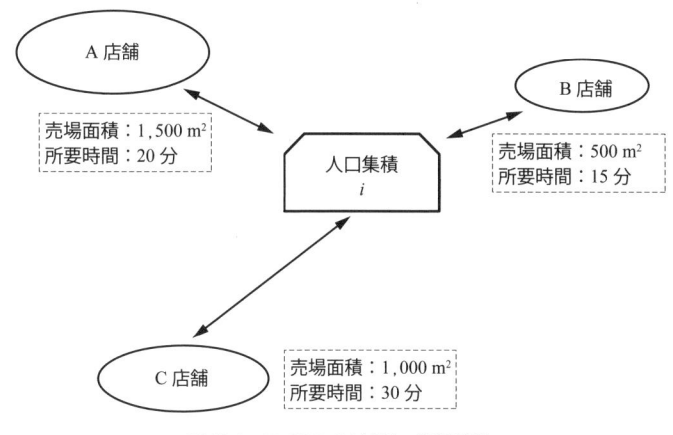

図 10.1 Huff Model 適用の仮想事例

表 10.1 商業集積（店舗）データ

商業集積	j	魅力度 S_j	抵抗度 D_{ij}
A 店舗	1	1,500 m²	20
B 店舗	2	500 m²	15
C 店舗	3	1,000 m²	30

a. 買物出向比率

商業集積（店舗）別買物出向比率をパラメータ $\lambda=2$ に設定して，(10.2) 式から を求めたのが表 10.2 である．

表 10.2 商業集積（店舗）別買物出向比率と人口数

商業集積 j	買物出向比率	期待買物出向人口
A 店舗	53.4%	1,602 人
B 店舗	31.0%	930 人
C 店舗	15.5%	465 人

b. 買物出向人口

買物出向比率の計算結果から，その率を該当人口集積（地域）の人口に乗じることにより買物出向人口を求める（表 10.2）．

c. 現状の商圏分析の結果

人口集積 i からは，店舗 A への買物出向比率が最も高く，i からの買物出向人口数は 1,602 人が期待されるという計算結果である．

10.4 事例研究 (2) 仮想の出店シミュレーション

この事例では，図 10.2 のような 11×11 のメッシュで定義された地域座標系の中に，人口集積 1，2，3 と商業集積 A，B，C がすでに存在すると設定した．課題は，新規に出店する際，どの地点に出店をすれば買物出向人口や販売金額を最大にすることができるかである．以下の表 10.3～10.5 は現状データである．

図 10.2 仮想地域の地図：人口集積と商業集積の座標 (i, j)

(j)＼(i)	0	1	2	3	4	5	6	7	8	9	10
10											
9											
8		①	B								
7							③				
6											
5											
4											
3				A							
2											
1		②					C				
0											

表 10.3 人口集積（居住地）別の人口と店舗別抵抗度（距離）データ

人口集積	座標	人口	抵抗度 A (2, 3)	抵抗度 B (3, 8)	抵抗度 C (6, 1)
1 地区	(1, 8)	1500	6	2	12
2 地区	(1, 1)	1000	3	9	5
3 地区	(6, 7)	3000	8	4	6
人口合計	—	5500	—	—	—

10.4 事例研究（2）仮想の出店シミュレーション

表 10.4 商業集積（店舗）別の魅力度と地域別抵抗度データ

商業集積	座標	魅力度 S_j	抵抗度 x (1, 8)	抵抗度 y (1, 1)	抵抗度 z (6, 7)
既存店舗　A	(2, 3)	1500	6	3	8
既存店舗　B	(3, 8)	2500	2	9	4
既存店舗　C	(6, 1)	3000	12	5	6

表 10.5 人口集積別の商業集積（店舗）別買物出向比率（P_{ij}）の計算結果

商業集積	座標	魅力度 S_j	居住地区 1 (1, 8)	居住地区 2 (1, 1)	居住地区 3 (6, 7)
既存店舗　A	(2, 3)	1500	0.06061	0.52488	0.08911
既存店舗　B	(3, 8)	2500	0.90909	0.09720	0.59406
既存店舗　C	(6, 1)	3000	0.03030	0.37792	0.31683

　以下の単純化した Huff Model Simulator による実行例では，設定条件として売場面積 2000 m² の店舗の出店を想定している．仮想（シミュレーション）の出店計画では，新店舗 D を地点座標 (5, 6)，または，地点座標 (5, 7)，または，地点座標 (5, 8) のいずれかへの出店を想定した．このシミュレーションのために開発したシステムは，「期待買物出向人口」を基準に，どちらの地点が妥当かについての比較検討を行うことに特化したものである．以下は，Scilab で作成した Huff Model Simulator による実行例である（実行ファイル名：Interactive -Huff-model-63.sce）．

10.4.1 入力データと計算結果

　このシステムではソースコード（Scilab）上に既存店の売場面積と各居住地域の人口数（世帯数）のデータとモデルのパラメータ（$\lambda = 2.0$）を組み込んである．図 10.3 は，シミュレーション・ケース（1）として新規出店候補 D の座標 (5, 6) と，計画（条件）の売場面積：2000 の入力をしたコンソール画面である．

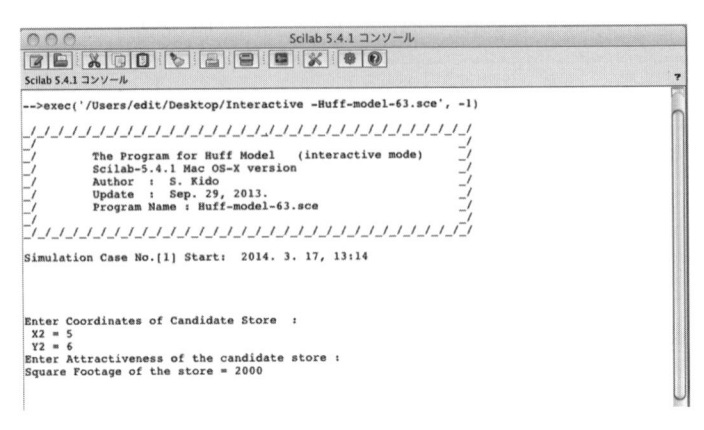

図 10.3 Huff Model Simulator の初期画面

図 10.4 は，既存店舗（商業集積 A，B，C）と，居住地（1，2，3）の初期配置を仮想のメッシュ図（11×11）に図示したものである．

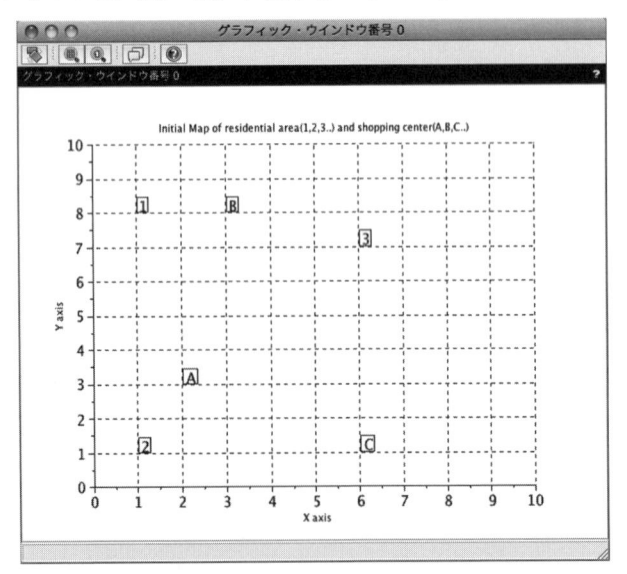

図 10.4 仮想のメッシュ図（11×11）の表示画面

10.4　事例研究（2）仮想の出店シミュレーション　　　155

図 10.5 は，Case 1 の候補 D の座標（5,6）を入力した場合の結果を図示したものである．

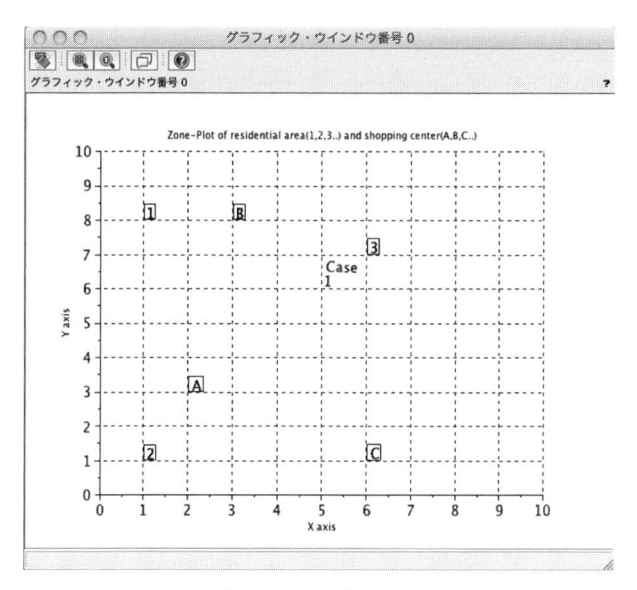

図 10.5　候補座標の入力結果（case 1 の場合）

表 10.6 は，シミュレーション対象の店舗と居住区の座標のリストである．

表 10.6　地点座標

```
Table of Coordinates :  Case[1]
----------------------------------------------------------------
            Coordinates of Area(i) and Store(j)
----------------------------------------------------------------
              Location    Coordinate(x,y)
            --------------------------------------
                 1           ( 1, 8)
                 2           ( 1, 1)
                 3           ( 6, 7)
                 A           ( 2, 3)
                 B           ( 3, 8)
                 C           ( 6, 1)
                 D           ( 5, 6)
----------------------------------------------------------------
```

表10.7は，店舗と居住区の地点間距離の計算結果である．このシステムでは，直線距離（ユークリッド距離）ではなく，「シティ・ブロック距離」の計算ロジックを用いている[注1]．

表10.7 地点間距離

```
Table of Dij:  City Block Distance  : Case[1]
-----------------------------------------------------------
   Accessibiity   Dij : Distance between  Area(i) and Store(j)
-----------------------------------------------------------
                      Area(i)
-----------------------------------------------------------
   Store(j)        1        2        3
-----------------------------------------------------------
      A          6.0      3.0      8.0
      B          2.0      9.0      4.0
      C         12.0      5.0      6.0
      D          6.0      9.0      2.0
-----------------------------------------------------------
```

表10.8は，修正 Huff Model のパラメータ（抵抗係数）λ の値と，分析対象の店舗数と居住区数を表示したものである．

表10.8 抵抗係数 λ と分析対象数

```
Table of Parameters :  Case[1]
        ------ Parameters of Model ------
                    λ :  2.000000
             No. of Store  m :  4
             No. of Area   n :  3
        ---------------------------------
```

このシステムでは，モデル解説の単純化のため，売場別（買い回り品（specialty goods）と日用品（convenience goods））に異なる λ 値を用いず，業界標準の修正 Huff Model の値，$\lambda=2.0$ を用いている．

表10.9は，シミュレーション対象の店舗の全売場面積の値を表示したものである．厳密には，売場別（買い回り品と日用品，生鮮品など），駐車場などを加味する必要がある．このシステムでは，解説の単純化のため組み込んでない．

10.4 事例研究 (2) 仮想の出店シミュレーション

表 10.9 売場面積 (単位：m^2)

```
Table of Sj(square footage of stores) : Case[1]
```

Store(j)	Sj(j)
A	1500
B	2500
C	3000
D	2000

表 10.10 は，シミュレーション対象の居住地域の人口の値を表示したものである．

表 10.10 居住地域人口

```
Table of population of residential area :
Case[1]
```

Area(i)	Pop(i)
1	1500
2	1000
3	3000

表 10.11 は，シミュレーション対象の商業集積（店舗）の各居住地区からの「期待」選択確率 P_{ij} の値を表示したものである．

表 10.11 商業集積 (Store) の選択確率 P_{ij}

Patronage Probability Pij of Area(i)

Store(j)	Area(i) 1	2	3
A	0.05721	0.37662	0.07714
B	0.85814	0.06974	0.51426
C	0.02860	0.27117	0.27427
D	0.05604	0.28247	0.13434
Total	1.00000	1.00000	1.00000

表10.12は，シミュレーション対象の商業集積（店舗）への期待買物出向人口の値を表示したものである．「期待」選択確率 P_{ij} に居住地域の人口の値を乗じたもので，どの地域からどの程度，人口を「吸引」しているかを読み取ることができる．

表10.12 期待買物出向人口

```
Table of expected customers of the stores : Case[1]
-----------------------------------------------------------------
Expected customers from Area(i) to Store(j)
-----------------------------------------------------------------
                         Area(i)
-----------------------------------------------------------------
Store(j)        1           2           3           Total
-----------------------------------------------------------------
   A           84          487          92           663
   B         1262           90         614          1966
   C           42          351         328           720
   D          112           72        1966          2150
-----------------------------------------------------------------
Total        1500         1000        3000          5500
-----------------------------------------------------------------
```

表10.13は，Case 1のシミュレーション結果の要約である．表示上はD商業集積（店舗）となり，既存のA，B，Cへの「影響」が読み取れる．このCase 1では，計画店舗Dの獲得シェアは39.1%（2150/5500）で，最も高くなっている．

表10.13 シミュレーション結果の要約

```
Table of Summary (1) :   Simulation Case[1]
---------------------------------------------------
Store(j)   Coordinate   Sj(attraction)   Total-Pop.
---------------------------------------------------
   A         ( 2, 3)        1500            663
   B         ( 3, 8)        2500           1966
   C         ( 6, 1)        3000            720
   D         ( 5, 6)        2000           2150
---------------------------------------------------
```

図10.6は，シミュレーションの続行選択のコンソール画面である．画面上の下線1部分はキーボード入力したことを表している．

Case 2，Case 3の結果表（表10.6～10.13）が出力される．紙面の都合上，

10.4 事例研究 (2) 仮想の出店シミュレーション

(Case 2) と (Case 3) の表10.6〜10.13, 図10.3の結果表は省略した.

```
Simulation Case No.[2] Start (Yes=1  No=0):
Answer  (1/0) = 1

Enter Coordinates of Candidate Store  :
 X2 = 5
 Y2 = 7
Enter Attractiveness of the candidate store :
Square Footage() of the store = 2000
```

図10.6 シミュレーションの続行選択のコンソール画面

図10.7は，シミュレーション終了を指示する画面である．ここでゼロを入力すると，次の実行したケースすべての結果の要約が比較表（表10.14）の形で出力される．

```
Simulation Case No.[4] Start (Yes=1  No=0):
Answer  (1/0) = 0
System terminated...Bye!
```

図10.7 シミュレーション終了画面

10.4.2　出店計画3ケースのシミュレーション結果の比較

表10.14は，仮想の出店計画3ケースのシミュレーション結果の比較表である．この仮想例による「商圏」分析では，case 2の地点 (5,7) の「吸引人口数」が2867人で最も多く，この地点 (5,7) への出店が妥当という結論を導くことができる．この地点 (5,7) は分析対象エリアで最大の人口を抱える居住地域3（人口：3000）の最近傍の地点である．

表10.14　シミュレーション結果の比較

```
Table of Comparison :  Simulation Cases
-------------------------------------------------
Case(k)   Coordinate   Sj(attraction)   Total-Pop.
-------------------------------------------------
  1         ( 5, 6)        2000            2150
  2         ( 5, 7)        2000            2867
  3         ( 5, 8)        2000            2246
-------------------------------------------------
```

10.4.3 期待吸引人口数の多い地点トップ20の計算

上記の個別地点の分析システムに若干の変更を加えて，当初設定した11×11のメッシュの中から，辺縁を除く10×10の範囲の全メッシュ100ケースの吸引人口数の計算シミュレーションを行った（実行ファイル名：TopRankingSiteSearch Mode-Huff-Model.sce）．

設定条件は同様に，$\lambda = 2$，売場面積$= 2000 \text{ m}^2$である．結果は地点座標（5, 7）が最も大きい引人口数の値を示した．20位までをリストとマップ上に表示させたのが以下の図10.8と表10.15である．

ランキングが上位の地点の番号は，居住地域3を中心に囲む形で分布している．一方，居住地域1の周辺にはランキングが下位の地点が分布している．

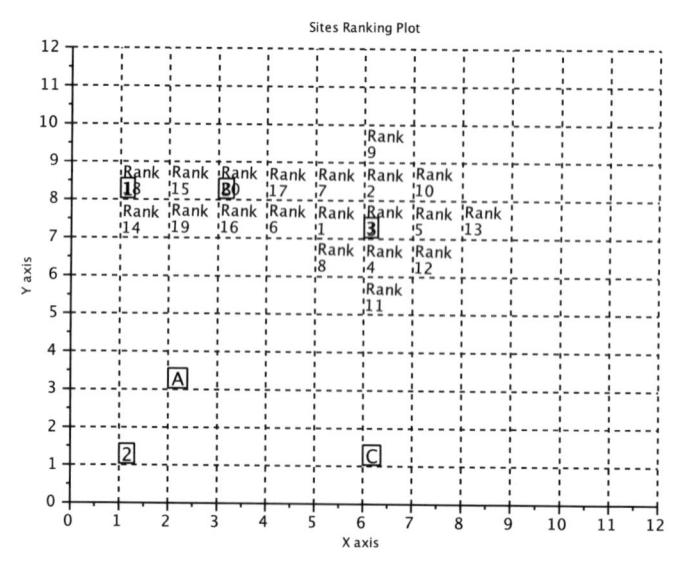

図10.8 期待吸引人口数トップ20位までの地点分布

10.4 事例研究（2）仮想の出店シミュレーション

表 10.15　期待吸引人口数の多い上位 20 位の地点

```
Top20 sites of Expected-Pop.:Planned Sq.footage=2000
---------------------------------------------------
     Rank      Case     Coordinate    Expected-Pop.
---------------------------------------------------
       1        47       ( 5, 7)          2867
       2        58       ( 6, 8)          2850
       3        57       ( 6, 7)          2813
       4        56       ( 6, 6)          2795
       5        67       ( 7, 7)          2777
       6        37       ( 4, 7)          2269
       7        48       ( 5, 8)          2246
       8        46       ( 5, 6)          2150
       9        59       ( 6, 9)          2114
      10        68       ( 7, 8)          2114
      11        55       ( 6, 5)          2103
      12        66       ( 7, 6)          2081
      13        77       ( 8, 7)          2067
      14         7       ( 1, 7)          1965
      15        18       ( 2, 8)          1906
      16        27       ( 3, 7)          1830
      17        38       ( 4, 8)          1800
      18         8       ( 1, 8)          1753
      19        17       ( 2, 7)          1712
      20        28       ( 3, 8)          1670
---------------------------------------------------
```

10.4.4　売場面積の適正水準

居住地域 ③ 近傍の地点 (5,7) に出店する際の，適正な売場面積についてもシミュレーションを試みることができる（実行ファイル名：Floor_Efficiency_model（71）.sce）．

a. 期待吸引人口数による「売場効率」の計算

表 10.16 と図 10.9 は，地点 (5,7) で売場面積を 2000〜5500 m^2 に変化させた場合の「期待吸引人口効率」の例である．ここでは，売場面積 1 m^2 当たりの期待吸引人口数を「効率」（Efficiency）と設定している．

10. 消費者の買物行動モデル

表 10.16 期待吸引人口数「効率」

Table of Comparison of Simulation Cases

Case(k)	Coordinate	Sj(attraction)	Total-Pop.	Efficiency(P/S)
1	(5, 7)	2000	2867	1.4335
2	(5, 7)	2500	2978	1.1912
3	(5, 7)	3000	3067	1.0225
4	(5, 7)	3500	3143	0.8981
5	(5, 7)	4000	3210	0.8025
6	(5, 7)	4500	3270	0.7266
7	(5, 7)	5000	3324	0.6648
8	(5, 7)	5500	3374	0.6135

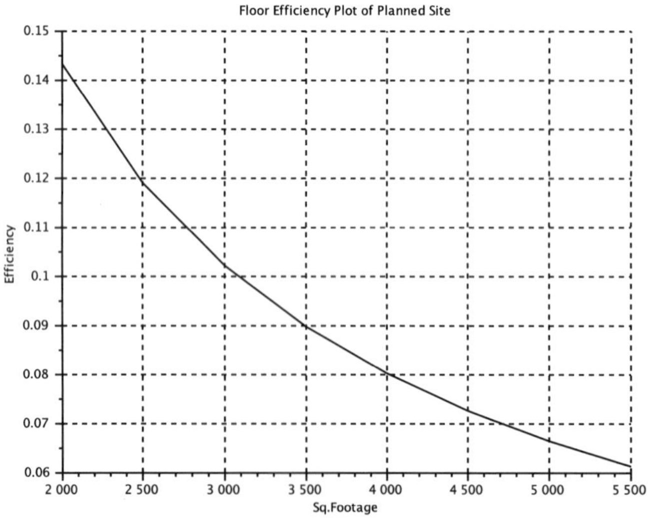

図 10.9 売場面積 $1\,\mathrm{m}^2$ 当たり期待吸引人口数

b. 予想年間販売額による「売場効率」の計算

以下の表 10.17 は，地点 (5,7) で売場面積を 2,000〜5,500 m^2 に変化させた場合の，仮想の年間「期待販売額」に対する売場「効率」の分析例である（実行ファイル名：reg-flrEffi2.sce）．この例で想定した年間販売額（Expected Sales，単位：百万円）の予測値の計算は，各居住地からの吸引人口（世帯）数に各居住地の住人（世帯）の「年間予算」として家計支出データなどから回帰推計したものである．

表 10.17 売場面積別「期待販売額」とそれに対する売場「効率」

```
-----------------------------------------------------------------
 Case(i)   Sq.Ft(Sj)   Expected-Sales   Efficiency(Sales/Sj)
-----------------------------------------------------------------
    1       2000.0         14.0              0.00700
    2       2500.0         17.0              0.00680
    3       3000.0         22.0              0.00733
    4       3500.0         26.0              0.00743
    5       4000.0         29.0              0.00725
    6       4500.0         31.0              0.00689
    7       5000.0         33.0              0.00660
    8       5500.0         36.0              0.00655
-----------------------------------------------------------------
```

図 10.10 は，売場面積別の期待販売額の変化と「効率」の変化の関係を示すグラフである．この仮想例では，売場面積 3,500 m^2 が最も効率が高いという結果が示されている．この事例のような効率曲線は一般的ではない可能性はあるが，実際のデータを検討する際に参考になる事例である．

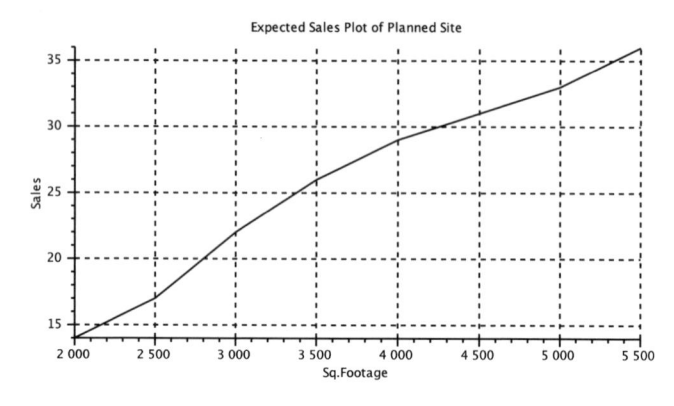

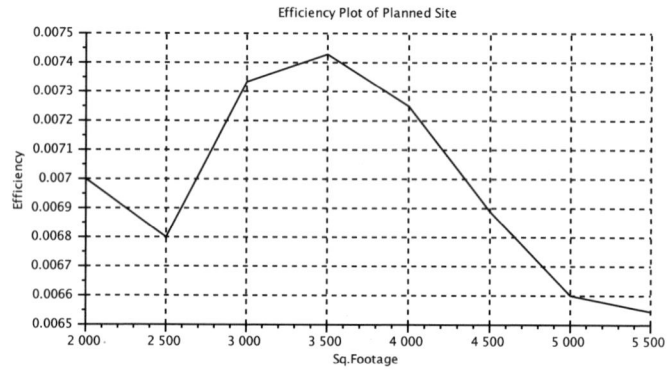

図 10.10　期待販売額の変化と「効率」の関係

10.5 今後の Huff Model 研究の課題

以上の分析(シミュレーション)結果は,「商業集積」の吸引力 (P_{ij}) は居住地からの距離に「反比例」し,売場面積(魅力度)に比例するという,Huff Model の基本概念(数式)を忠実に反映したものといえる.

Huff Model は,1963年に D. L. Huff が発表した論文 "A probabilistic analysis of shopping center trade area" in *Land Economics* (Vol.**39**, No.1, Feb, 1963) 以来,半世紀以上にわたって商圏分析の実務に貢献してきたモデルである.本書の中では学術的に,消費者の「空間行動モデル」に位置づけられるもので,消費者行動モデルの中でもシンプルながら非常に奥深い研究領域である.

■ 注

(1) 距離計算:ユークリッド (Euclidean) 距離とシティ・ブロック (city block) 距離の比較
商業集積 A (2,3) と人口集積 x (1,8) の「距離」D_{ij} は,Minkowski r-metric = 2 で「Euclidean 距離」を計算すると,$D_{ij}=((2-1)^2+(3-8)^2)^{1/2}=(1+25)^{1/2}=5.1$ となる.「city block 距離」(直角距離)を計算すると,Minkowski r-metric = 1 で,$D_{ij}=(|2-1|^1+|3-8|^1)^{1/1}=|1+5|=6$ となる.

附録1：参考資料

参考データ・サイト　一覧
1. 統計数理研究所「日本人の国民性調査」
   http://survey.ism.ac.jp/ks/index.html
2. 人口ピラミッドの変化と人口数の変化
   人口問題研究所「日本の将来推計人口」
   http://www.ipss.go.jp/

研究用ツールのダウンロード・サイト　一覧
1. R のダウンロード・サイト：
   http://www.r-project.org/
2. Scilab のダウンロード・サイト：
   https://www.scilab.org/
3. STELLA の run-time version のダウンロード・サイト：
   http://www.iseesystems.com/softwares/player/iseeplayer.aspx
4. NetLogo のダウンロード・サイト：
   http://ccl.northwestern.edu/netlogo/
5. Vensim のダウンロード・サイト：
   http://vensim.com/download/
6. artsoc player のダウンロード・サイト：
   http://mas.kke.co.jp

研究用ソース・プログラムとデータ・ファイル　一覧
●第1章フォルダ
　　Markov_Model_Ad_case_13.sce
●第3章フォルダ
　　mac-BBD-P2byGRP-P_dmy_-N_sta_Model_501.sce
　　simpleBBD_20.sce
●第4章フォルダ

附　録

　　　Basic_Bass_Model_for_Mac8.sce
　　　basic_bass_model-vcr.R
　　　Bass_Model_for_EV-cars(20yrs)3.R
　　　GBassModel-2.sce
　　　lsqrsolver13.sce
● 第 5 章フォルダ
　　　GDP 予測モデル 202.STM
　　　POP-Model-12.STM
● 第 6 章フォルダ
　　　SPSS-Conjoint 分析データ
● 第 7 章フォルダ
　　　Strong_model_2_for_Mac.isdb
　　　Strong_model_2_for_Mac.STMX
　　　StrongModel-GUI-10-1.STMX
　　　StrongModel1.STMX
　　　StrongModel2.STMX
　　　vensim-BASSMODEL.mdl
● 第 8 章フォルダ
　　　ACPS_BBDDemo-7.nlogo
　　　WoMforMac1.0.model
● 第 9 章フォルダ
　　　sciprefit-77.sce
● 第 10 章フォルダ
　　　Floor_Efficiency_model(71).sce
　　　Interactive -Huff-model-63.sce
　　　TopRankingSiteSearchMode-Huff-Model.sce
　　　reg-flrEffi2 .sce

附録2：コンジョイント分析を想定した調査計画の実際

　コンジョイント分析モデルは，個々の製品属性について消費者個人の好みをそのまま反映させた，「効用関数」のパラメータを推定することによって設定した製品属性と，水準（選択肢）を組み合わせた場合の製品の総合評価を計量的に得ることができる手法である．市場に存在しない新製品コンセプトについても，消費者個人の効用関数のパラメータの値から，その新製品がどの程度受容されかを前もって予測することが可能である．以下はコンジョイント分析の実施を想定したQ&Aである．

Q1. 何を調査しなければならないか？

A1：製品コンセプトのプロフィールの作成

　コンジョイント分析法の適用上のポイントは，評価するべき属性と水準を適切に絞り込むことである．すなわち製品開発側がコントロール可能で，かつ製品として実現可能な，属性（要因）と水準（選択項目）の内容と項目数の設定が非常に重要な「仕事」である．特に考慮するべきことは，消費者の購買（選択）心理に働きかけやすい属性（要因）を設定することである．過去の調査・研究の結果や深層面接調査や行動観察調査の知見が参考となる．

Q2. どのように調査するのか？

A2：集合面接調査法

　調査の実施方法は集合面接調査法が用いられることが多い．
　この方法は測定の条件や手続きを厳密にしてデータの信頼性を確保するために必要であると同時に，製品アイディア（コンセプト）が外部へ流れるのを防止するためにも必要な制約と思われる．しかし，十分なサンプル数とその無作為性，代表性が担保できないという大きな欠点もある．場合によっては十分訓練された調査員による訪問面接調査法を検討する必要がある．

Q3. どのような手続きで結果が得られるのか？

A3 (1)：順位データ

　設定した属性と水準を基に製品のプロトタイプまたは，製品コンセプトのプロフィール・カード（コンジョイント分析のシステムで用意される）を消費者に

提示して選好（購買意向）順位をつけてもらう．

A3（2）：分析手法

分析は製品（コンセプト）のプロフィール・データと，選好順位データをコンジョイント分析のシステムに入力することによって行われる．分析手法は測定された順位データを目的変数とし，それに対応する各製品属性別の選択項目を説明変数とした回帰分析である．分析の結果得られる回帰係数が部分効用値である．

A3（3）：分析結果

回帰分析の結果から，新発売を考えている製品の属性・水準の組合せ（製品コンセプト）の総合評価値が設定した，各製品属性別の選択項目に対する部分効用値の合計の形で得られる．同時にどの属性が消費者個別の選好にどの程度関与しているかを知ることができる．

Q4．どのように結果を利用するのか？

A4（1）：最も総効用値が高くなる属性・水準（項目）の組合せを製品化する．

A4（2）：現実的な経営上または技術上の観点から，妥当性のあるベターな製品属性・水準の組合せを製品化する．

A4（3）：分析結果を選択確率モデルに入力して想定されるマーケット・シェアの予測を行う．

コンジョイント分析を想定した調査の設計および手続きの具体例は以下の Phase（1）から Phase（5）に要約できる．

Phase（1） 評価要因（製品属性・水準）と実験計画の検討

　新製品のプロフィールの検討

検討事項① 購入に関連する製品属性（要因）の洗い出し

　・アフター・ケアーの期間などソフトな属性を含めることも検討する．

検討事項② 重要な製品属性（通常3〜6属性）の選択

　・分析上の上限は20属性まで．

検討事項③ 各製品属性ごとの評価水準（項目）の設定

　・分析上の上限は1要因10水準まで．

検討事項④ 実験計画の立案

　・製品属性と評価水準を組み合せた実査用実験デザインの決定．

・実験計画法（直交計画やラテン方格）などで8〜16の仮想商品（コンセプト）の決定を行う．

Phase (2) 調査の基本設計の検討

検討事項① サンプル数の決定
　・50サンプル以上必要
検討事項② サンプル構成の決定
　・性別，年齢区分別，使用・所有の有無など
検討事項③ 調査方法の決定
　・集合面接法，訪問面接法など
検討事項④ 調査手続きの決定
　・仮想商品の提示方法：カード形式や実物提示，提示順序など
検討事項⑤ 質問文の作成・評価尺度の決定
　・順序尺度 or 間隔尺度 or 比率尺度

Phase (3) 調査項目の設計

標準調査項目

第1質問群：
　問① 対象者の基本属性（デモ・グラフィックス，消費行動，意識・態度）項目
第2質問群：
　問② 対象製品の主要属性別「重要度」の測定（得点配分法，評定尺度法）
　問③ 対象製品の各属性の構成項目（水準）の選好評価の測定（得点配分法）
第3質問群：
　問④ 仮想製品（コンセプト）に対する選好順位，または，購入意向順位の測定
　問⑤ 順位付後の仮想製品ついての主観的購入確率の測定（11段階尺度）

オプション調査項目

　問⑥ 既存ブランドのポジショニングおよび理想点の測定：
　　　・既存ブランドの一対比較法による選好順位の測定（MDS分析用）
　　　・SD法形式による既存ブランドのイメージ測定（因子分析用）
　問⑦ 評価対象属性以外の要因についての重要度の測定：5段階評定尺度法
　問⑧ その他の該当マーケットおよび消費特性に関する周辺項目の測定

Phase (4) 分析アプローチの検討

基本アプローチの場合：
① 標準調査項目の問①＋問④の実施，測定値の入力
② 全体平均順位の集計，基本区分別平均順位の集計
③ コンジョイント分析の実施
　・全体および区分別の効用値の出力
④ 総効用値が最大となる製品属性（プロフィール）の判定
⑤ 開発コンセプトの製品属性（プロフィール）の決定
⑥ 仮想市場でのマーケット・シェアの予測シミュレーション

サイコ・グラフィック・アプローチの場合：
① 標準調査項目の問②＋問③の実施
　・商品属性に対する重要度と水準別評価データの入力
② 属性評価に関するクラスター分析
　・属性評価パターンによるサンプルのグルーピングと特性の集計
　・グループ別の入力データの作成
③ コンジョイント分析の実施
　・グループ（クラスター）別効用値の出力
④ クラスター別最適製品属性（プロフィール）の決定
⑤ 仮想市場でのマーケット・シェアの予測シミュレーション

Phase（5）　新製品のマーケット・シェアの予測

マーケット・シェアの予測シミュレーションの作業フロー

Step①　製品の属性プロフィール・データとサンプル別の調査データ（測定値）の入力

Step②　コンジョイント分析（効用値の計算）の実施.
　・出力データはサンプル個別のコンジョイント分析の結果から得られる要因別の各水準の効用値.

Step③　新製品のマーケットの定義
　・既存ブランドに対応する製品属性プロフィール（要因・水準の組合せ）と新製品の属性プロフィールをシェア・モデルに入力する.

Step④　新製品のマーケット・シェアの予測シミュレーション
　・マーケット・シェアのシミュレーションでは，新製品の属性プロフィール

(組合せ）の修正によるシェアの変動から各製品属性（要因・水準）の感度分析を行ったり，新製品を出すことによって自社の既存ブランドのシェアが，どの程度侵蝕されるかなどを予測することも可能である．

Phase（6）　コンジョイント分析の結果の利用

以下はコンジョイント分析法による新製品コンセプトの事前評価システムの利用のメリットである．

① 新製品のコンセプト・テストが比較的低コストでかつ短期間で実施できる．
② 分析結果から設定した製品属性の相対的な重要度が計量的に評価できる．
③ 分析結果から製品属性別に水準（項目）別の部分効用値が得られ，最大の効用を生み出す製品属性プロフィール（組合せ）の総効用値が計算できるので合理的かつ科学的な意思決定が行える．
④ 調査の実施上は，少数の製品属性プロフィール（組合せ）についてのみ評価を行うにもかかわらず，評価対象外の製品属性プロフィールについても総効用値が計算できる．
⑤ 既存ブランドに対応する製品属性プロフィールの総効用値と，新製品（コンセプト）の総効用値の比較から新製品の市場での競合力の評価ができる．
⑥ 調査対象者別の既存ブランドと，新製品（コンセプト）の総効用値からマーケット・シェアの推定計算（予測）ができる．

以上の利用メリットを生かすことにより，成功の確率の高い新製品のコンセプト開発が可能となる．

（注）SPSS-Conjoint 分析：仮想例の分析に使用した SPSS-Conjoint のファイルデータおよびスクリプト・ファイルの収容ディレクトリー（パス名）（/Users/kidoshigeru/Desktop/data/）は使用 PC（OS）によって異なるので要注意．以下の例は筆者の Mac OS のものである．

（注1）データ・ファイル
　　　　直交計画の作成（コンセプト・カードの生成）用ファイル：my_orthogonal3.sav
　　　　測定データ・ファイル　　：sk-conj-dat4.sav

標本別効用値ファイル　　：sk-utility41.sav

(注2)　実行スクリプト・ファイル：sk-syntax5rank.sps
```
CONJOINT PLAN ='/Users/kidoshigeru/Desktop/data/my_orthogonal13.sav '
/DATA ='/Users/kidoshigeru/Desktop/data/sk-conj-dat4.sav '
/ SEQUENCE = rank1 TO rank12
/SUBJECT = consumer
/FACTORS =
CPU（DISCRETE）
MEMORY（DISCRETE）
RESOLUTION（DISCRETE）
HARD_DRIVE（DISCRETE）
OPT_DRIVE（DISCRETE）
WEIGHT（DISCRETE）
SIZE（DISCRETE）
BATTERY_CAPACITY（DISCRETE）
OS（DISCRETE）
MS_Office（DISCRETE）
/PRINT=ALL
/PLOT =SUMMARY
/UTILITY= '/Users/kidoshigeru/Desktop/data/sk-utility41.sav '
.
```

(注3)　コンジョイント分析の測定データの記録方法の指定

　　　データの記録方法の指定は，SEQUENCE, RANK, SCORE の各サブコマンドで指定する．

　　　SEQUENCE サブコマンド：データの記録方法が「カード番号」である場合．最も選好順位が高いプロファイル（カード）から低いものへと順序づけを指示した場合のサブコマンド．

　　　RANK サブコマンド：データの記録方法が「順位」である場合．プロファイル（カード）番号1の順位づけから始めて，各プロファイル（カード）に順位を割り当てるように指示した場合のサブコマンド．

　　　SCORE サブコマンド：データの記録方法が「選好度スコア」である場合．最初にプロファイル（カード）番号1のスコア，次に番号2のスコアを割り当てるように指示した場合のサブコマンド．データとしては，100点満

点や 10 点満点の購入意向率や主観的購入確率などである．

(注4) コンセプト・カード　見本

```
■ コンセプト・カード　見本

■無線LANとBluetoothを内蔵
  － バーコードリーダーや小型プリンタ，ネットワークとのケーブル
    フリーなシステムを実現します．

■CF&SDの2つのカードスロットを装備
  － CF&SDの2つのカードスロットを装備．
  － USBホスト：バーコードリーダなどの入力デバイスをはじめ，
    多様な周辺機器との接続をサポートします．
  － 本体と一体となるCF拡張アダプター(バッテリ内蔵)も用意．
    2枚のCFカードの同時利用をサポートします．

■Linux/Javaプラットフォーム
  オープンなプラットフォームが，
  － 最新のテクノロジをいち早く取り入れることを可能にし．
  － 豊富なソフト資産の利用を可能にし，柔軟なシステム構築を支援．
    システム統合の時間短縮を支援します．
                                              No. 3
```

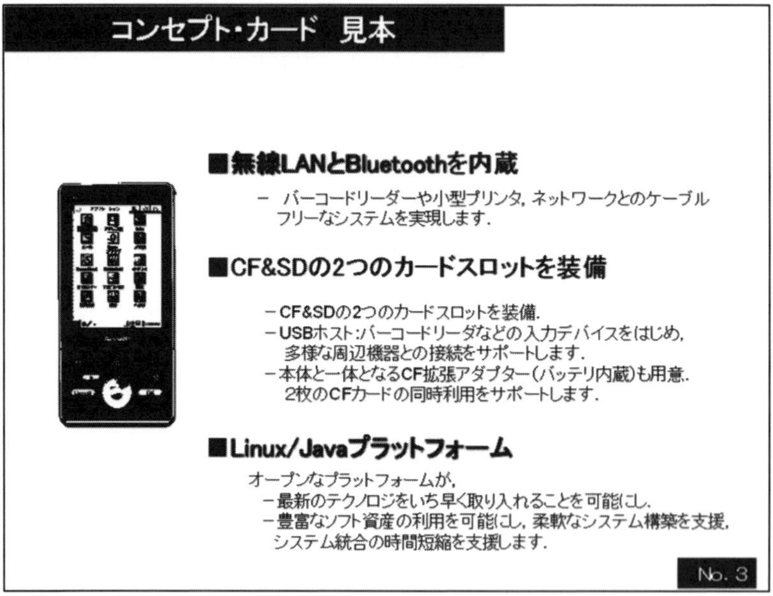

(注5) 順位づけの方法

通常は下図のように，カードを「購入意向」有無で2つの山に分類し，さらに各山について，同様の手続きを繰り返して，最終的に順位をつけてもらうことが多い．

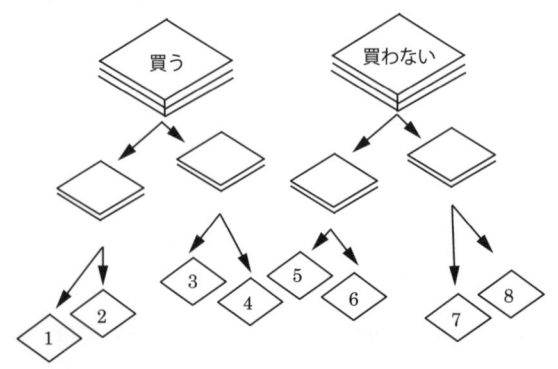

附　録

附録3：Scilabの導入手順と基本操作

① 下記のURLからScilabのホームページのサイトに入る．

　https://www.scilab.org/

② メニュー・バーからダウンロード［Download］をクリックする．

③ OS（システム）の選択のページに推移したら，使いたいOSを選択する．

　・Windows XP, Vista, 7, 8, Mac OS X, GNU/Linuxが選択可能

④ 選んだOSの画面の指示に従ってインストールする．

Windows 7の場合：64ビット版（scilab-5.4.1_x64.exe）を選択．

　(1)インストールに［許可］を与える．

　(2)使用言語（Japanese）［OK］をクリック．

　(3)セットアップ開始［次へ（N）］をクリック．

　(4)使用許諾契約書に［同意する］を選択，［次へ（N）］をクリック．

　(5)インストール先の指定［次へ（N）］をクリック．

　(6)コンポーネントの選択［次へ（N）］をクリック．

　(7)プログラムのショートカット作成［次へ（N）］をクリック．

　(8)追加タスクの選択［次へ（N）］をクリック．

　(9)インストール準備完了［インストール（I）］をクリック．

　(10)インストール開始，セットアップ［完了（F）］をクリック．

　Scilabの起動：

　(1)Scilabのアイコンをクリックして起動．

　(2)コンソール画面のメニュー・バーから

　〈アプリケーション〉→〈SciNote〉→〈ファイル〉→〈開く〉で目的の「ソース・プログラム」を選択する．

　　(例)〈My Model〉→〈My Scilab Apps〉→〈Basic_Bass_Model_for_Win7.sce〉

Mac OS Xの場合：

　(1)ダウンロードした　scilab-5.4.1.dmgをクリック．

　(2)インストーラーの指示に従って，scilab-5.4.1.appを〈Applications folder〉にドラッグ．

　(3)インストール開始，セットアップ完了．

　Scilabの起動：Windowsの場合と同様．

引用・参考文献

はじめに

青木幸弘（2010）『消費者行動の知識』（日経文庫），日本経済新聞出版社．
小川孔輔（1992）「消費者行動とブランド選択の理論」，『マーケティングと消費者行動』（大沢　豊編），有斐閣．
小川孔輔（2009）『マネジメントテキスト：マーケティング入門』，日本経済新聞出版社．
田中　洋（2008）『消費者行動論体系』，中央経済社．
Peter, J. P. and J. C. Olson（2010）*Consumer Behavior and Marketing Strategy, 11th ed.*, McGraw-Hill.

第1章

青木幸弘，新倉貴士，佐々木壮太郎，松下光司（2012）『消費者行動論』，有斐閣．
青木幸弘（1990）「消費者関与概念の尺度化と測定」，『商学論究』，38（2），129-156，（関西学院大学）．
小川孔輔（1992）「消費者行動とブランド選択の理論」，『マーケティングと消費者行動』（大沢　豊編），有斐閣．
新倉貴士（2005）『消費者の認知世界』，千倉書房．
Bettman, J. R.（1979）*An Information Processing Theory of Choice Consumer*, Addison-Wesley.
Celsi, R. and J. Olson（1988）"The role of involvement in attention and comprehension processes", *The Journal of Consumer Research*, **15**, 210-224.
Engel, J., D. Kollat and R. Blackwell（1978）*Consumer Behavior, 3rd ed.*, Dryden Press.
Farley, J. U. and L. W. Ring（1970）"An empirical test of the Howard-Sheth model of buyer behavior", *Journal of Marketing Research*, **7**（Nov.），427-438.
Farley, J. U., J. A. Howard and L. W. Ring（1974）*Consumer Behavior: Theory and Application*, Allyn and Bacon.
Farley, J. U. and D. R. Lehmann（1977）"An overview of empirical applications on Buyer behavior system models", *Advances in Consumer Research*, **4**, Association for Consumer Research, pp. 337-41.
Howard, J. A.（1963）*Marketing Maniagement, 2nd ed.*, R. D. Irwin, Chaps. 3 & 4.
Howard, J. A.（1977）*Consunmer Behavior: Application of Theory*, McGraw-Hill.
Howard, J. A. and J. N. Sheth（1969）*The Theory of Buyer Behavior*, John Wiley & Sons.
Howard, J. A.（1994）*Buyer Behavior in Marketing Strategy. 2nd ed.*, Prentice-Hall.
Krugman, H. E.（1965）"The impact of television advertising: learning without involvement", *Public Opinion Quarterly*, **29**（Fall），349-356.
Nicosia, F.M.（1966）*Consumer Decision Processes*, Prentice-Hall.
Peter, J. P. and J. C. Olson（2010）*Consumer Behavior and Marketing Strategy, 11th ed.*, McGraw-Hill.

Petty, R. E. and J. T. Cacioppo (1986) *Communication and Persuasion: Central and Peripheral Routes to Attitude Change*, Springer-Verlag.

第 2 章

木戸　茂 (2009)『広告効果の科学』, 日本経済新聞出版社.

岩﨑達也, 小川孔輔, 中畑千弘 (2012)「デジタル化以降のテレビ視聴――テレビは本当に見られているのか」日本マーケティング・サイエンス学会第 92 回研究大会.

岩﨑達也, 中畑千弘, 小川孔輔 (2013)「ソーシャルメディア時代のテレビの視聴～テレビは本当に見られているのか～」(上), (下)『日経広告研究所報』268 号, 269 号.

第 3 章

大西浩志 (2000)「メディア・ミックス R & F 推定モデルの新展開：正準展開モデルの理論と検証」, 『ビデオ・リサーチ　DataVision2000＋1 セミナー資料』.

木戸　茂 (2004)『シリーズ〈マーケティング・エンジニアリング〉7. 広告マネジメント』, 朝倉書店.

ビデオ・リサーチ (1973)「Reach & Frequency の研究」,『VR ダイジェスト』.

Chandon, J.-L. J. (1976) *A Comparative Study of Media Exposure Models*, Unpublished doctoral dissertation, Northwestern University.

Danaher, P. J. (1988) "A loglinear model for predicting magazine audiences", *Journal of Marketing Research*, **25** (November), 356-362.

Danaher, P. J. (1989) "An approximate loglinear model for predicting magazine audiences", *Journal of Marketing Research*, **26** (November), 473-479.

Danaher, P. J. (1991), "A canonical expansion model for multivariate media exposure distributions", *Journal of Marketing Research*, **28** (August), 361-367.

Headen, R. S., J. E. Klompmaker and J. E. Teel (1976) "TV audience exposure", *Journal of Advertising Research*, **16**, 49-42.

Kim, H. and J. D. Leckenby (1994) "A modified Dirichlet model for advertising media schedules, *in Proceedings of American Academy of Advertising*, 129-141.

Kishi, S. and S. Kido (1987) "Exposure distribution models in print, spot-TV and mixed-media schedules: empirical test on Japanese data", *in Proceedings of the European Marketing Academy Conference*.

Leckenby, J. D. and S. Kishi (1984) "The Dirichlet multinomial distribution as a magazine exposure model", *Journal of Advertising Research*, **21**, 100-106.

Leckenby, J. D. and M. D. Rice (1986) "The declining reach phenomenon in exposure distribution models", *Journal of Advertising*, **15** (3), 13-20.

Leckenby, J. D. and K.-H. Ju (1989) "Advances in media decision models", *Current Issues and Research in Advertising*, **12** (2), 311-357.

Metheringham, R. (1964) "Measuring the net cumulative coverage of a print campaign", *Journal of Advertising Research*, **4**, 23-28.

Rossiter, J. R. and P. J. Danaher (1998) *Advanced Media Planning*, Kluwer Academic Publishers.

Rust, R. T. and R. Leone (1984), "The mixed-media Dirichlet multinomial distribution: A model for evaluating television-magazine advertising schedules", *Journal of Marketing Research*, **21**, 89-99.

第 4 章

Bass, F. M. (1969) "A new product growth model for consumer durables", *Management Science*, **15**, 215-227.

Bass, F. M., V. T. Krishnan and D. C. Jain (1994) "Why the BASS model fits without decision variables", *Marketing Science*, **13** (3), 203-223.

Lilien, G. L. and A. Rangaswamy (1998) *Marketing Engineering*, Prentice-Hall.

Lilien, G. L. and A. Rangaswamy (2004) *Marketing Engineering, Revised 2nd ed.*, Prentice-Hall.

Lilien, G. L, A. Rangaswamy and A. De Bruyn (2007) *Principles of Marketing Engineering*, Trafford Publishing.

Vijay, M., E. Muller and R. K. Srivastava (1990) "Determination of adopter categories by using innovation diffusion models", *Journal of Marketing Research*, **27** (1), 37-50.

第 5 章

Meadows, D. H., D. L., Meadows J. Randers and W. W. Behrens (1972) *The Limit to Growth*, Universe Books. (邦訳)『成長の限界ローマ・クラブ「人類の危機」レポート』(1972年).

ヨルゲン・ランダース (著), 中野香方子 (訳) (2013) 『2052:今後40年のグローバル予測』, 日経BP社.

人口問題研究所:http://www.ipss.go.jp/

統計数理研究所「日本人の国民性調査」: http://survey.ism.ac.jp/ks/index.html

藻谷浩介 (2010)『デフレの正体——経済は「人口の波」で動く』, 角川書店.

第 6 章

朝野熙彦 (2004)『シリーズ〈マーケティング・エンジニアリング〉1.マーケティング・リサーチ工学』, 朝倉書店, pp.25-36.

Kahneman, D. and A. Tversky (1979) "Prospect theory: An analysis of decision under risk", *Econometrica*, **XLVII**, 263-291.

水野 誠, 西山直樹 (2002)「テレビ視聴者の行動——実データに適合するエージェントベースモデリングの試み」, 山影 進, 服部正太 (編),『コンピュータのなかの人工社会』, 構造計画研究所.

山影 進 (2007)『人工社会構築指南』, 図書新聞.

兼田敏之 (編) (2010)『artisocで始める歩行者エージェントシミュレーション』, 構造計画研究所.

Ogawa, K. (1987) "An approach to simultaneous estimation and segmentation in conjoint analysis," *Marketing Science*, **6** (1), 66-81.

第 7 章

片平秀貴 (1987)『マーケティング・サイエンス』, 東京大学出版会.

太田康信 (2008)『コーポレート・エコノミック・ダイナミクス』, 日科技連出版社.

Katz, W. A. (1980) "A sliding schedule of advertising weight", *Journal of Advertising Research*, **20** (4), 39-44.

Sterman, J. D. (2001) "System dynamics modeling: Tools for learning in a complex world", *California Management Review*, **43** (4), 8-25.

Sterman, J. D. (2000) *Business Dynamics: Systems Thinking and Modeling for a Complex World*, McGraw-Hill. (邦訳) スターマン, ジョン・D. (著), 小田理一郎, 枝廣淳子 (訳) (2009)『システム思考——複雑な問題の解決技法 (BEST SOLUTION)』, 東洋経済新報社.

Strong, E. C. (1974) "The use of field experimental observations in estimating advertising recall", *Journal of Marketing Research*, 11 (4), 369-378.
Strong, E. C. (1977) "The spacing and timing of advertising", *Journal of Advertising Research*, 17 (6), 25-31.
Zielske, H. A. (1959) "The remembering and forgetting of advertising", *Journal of Marketing*, 23 (3), 239-243.

第8章
木戸 茂 (2004)『シリーズ〈マーケティング・エンジニアリング〉7. 広告マネジメント』,朝倉書店.
北中英明 (2005)『複雑系マーケティング入門』,共立出版.
木戸 茂,北中英明 (2007a)「広告効果プロセスに関する実証研究:広告効果のシミュレーション・モデル (1)」,『日経広告研究所報』235号.
木戸 茂,北中英明 (2007b)「広告効果プロセスに関する実証研究:広告効果のシミュレーション・モデル (2)」,『日経広告研究所報』236号.
鈴木 暁 (2013)「ネットワーク効果を組み込んだ広告計画シミュレータ:エージェント・シミュレーションの可能性」,『日経広告研究所報』264号.
北中英明,木戸 茂,鈴木 暁,中村仁也 (2009)「消費者の広告想起と購買意図の形成における消費者間相互作用の影響について」日本マーケティング・サイエンス学会 第86回研究大会.
中村仁也,木戸 茂,鈴木 暁,北中英明 (2010)「情報の受発信メカニズムを組み込んだMulti-Agent-Systemによる広告伝播モデル」日本マーケティング・サイエンス学会 第88回研究大会.
北中英明,木戸 茂,鈴木 暁,中村仁也 (2010)「生活者の対面コミュニケーションにより生成されるソーシャル・インフルエンスについての一考察」経営情報学会 秋季全国研究発表大会.
鈴木 暁,木戸 茂,中村仁也,北中英明 (2011)「MASによる広告伝播モデル研究〈3〉」日本マーケティング・サイエンス学会 第89回研究大会.
山影 進 (2007)『人工社会構築指南』,図書新聞.
Barabasi, A.-L. and R. Albert (1999) "Emergence of scaling in random networks", *Science*, 286.
Danaher, P. (2007) "Modeling page view acros multiple website with an application to internet reach and frequency prediction", *Marketing Science*, 26.

第9章
Urban, G. L. J. R. Hauser and N. Dholakia (1987) *Essentials of New Product Management*, Prentice-Hall (邦訳) グレンL. アーバン他 (著),林 広茂,小川孔輔,中島 望,山中正彦 (訳) (1989)『プロダクト・マネジメント:新製品開発のための戦略的マーケティング』,プレジデント社.
Urban, G. L. and J. R. Hauser (1993) *Design and Marketing of New Products, 2nd ed.*, Prentice-Hall.

第10章
小川孔輔 (1981) 流通産業研究所編『ショッピング・センター:立地とマーチャンダイジングのモデル分析』,リブロポート.
小川孔輔 (1984) 流通産業研究所編『「本物」スーパーマーケットの時代』,ダイヤモンド社.
小川孔輔 (編著) (1993)『POSとマーケティング戦略』,有斐閣.
小川孔輔,矢作敏行,吉田健二 (1993)『生・販統合マーケティング・システム』,白桃書房.
中西正雄 (2011)「小売吸引力モデルにおける「距離」概念再考:抵抗度の直接推定」,『商学論究』,58 (4):1-21 (関西学院大学).

脇田武光（1983）『立地論読本（I）』，大明堂．
市原　実（1995）『すぐ応用できる商圏と売上高予測』，同友館．
会田玲二（1983）『立地調査』，実務教育出版．
中村和郎，寄藤　昂，村山祐司（1998）『地理情報システムを学ぶ』，古今書院．
岡部篤行，鈴木敦夫（1992）『シリーズ〈現代人の数理〉3. 最適配置の数理』，朝倉書店．
岡部篤行（2001）『空間情報科学の挑戦』，岩波書店．
Huff, D.（1963），"A probabilistic analysis of shopping center trade areas", *Land Economics*, **39**, 81-90.

［マーケティング・統計解析関連の参考図書］

小川孔輔，林　廣茂，中島　望，山中正彦共訳（1989）『プロダクト・マネジメント：新製品開発のための戦略的マーケティング』，プレジデント社．
小川孔輔（2011）『ブランド戦略の実際（新訂版）』（日経文庫），日本経済新聞社．
小川孔輔（2009）『マネジメントテキスト：マーケティング入門』，日本経済新聞出版社．
朝野熙彦，鈴木督久，小島隆矢（2009）『入門 共分散構造分析の実際』，講談社サイエンティフィク．
朝野熙彦（1994）『マーケティング・シミュレーション ── 改訂版』，同友館．
朝野熙彦（2004）『シリーズ〈マーケティング・エンジニアリング〉1. マーケティング・リサーチ工学』，朝倉書店．
朝野熙彦，鈴木督久，小島隆矢（2009）『入門 共分散構造分析の実際』，講談社サイエンティフィク．
小田利勝（2010）『SPSSによる統計解析入門』，プレアデス出版．
真城知己（2001）『SPSSによるコンジョイント分析』，東京図書．
土金達男（2005）『シミュレーションによるシステムダイナミックス入門』，東京電機大学出版局．
上坂吉則（2010）『Scilabプログラミング入門』，牧野書店．
豊田秀樹，前田忠彦，柳井晴夫（1992）『原因をさぐる統計学』，講談社（ブルーバックス）．
豊田秀樹（1990）『共分散構造分析［入門編］（統計ライブラリー）』，朝倉書店．
　　続編として朝倉書店より「応用編」，「理論編」，「技術編」，「疑問編」，「実践編」，「数理編」．「事例編」は北大路書房．
田部井明美（2001）『SPSS完全活用法──共分散構造分析（Amos）によるアンケート処理』，東京図書．

あとがき

　本シリーズの最後の著作『消費者行動のモデル』は，完成までに10数年を要してしまった．当初は，シリーズ編者で本書の監修者でもある小川が執筆を担当するはずだった．ところが，紆余曲折があり，未完のままに長い時間が経過していた．そして，2年前（2012年春），小川の元ドクター課程の学生だった木戸が，母校・法政大学大学院の教授に就任したことを機会に，小川が温めていた企画を全面的に木戸に託すことになった．

　その後，木戸の努力により，本書はシリーズ最後の「モデル本」として日の目を見ることになる．監修者としては，ようやく肩の荷を下ろしたところではある．

　いま現在，本書の第2，3章，第7，8章の成果を発展させるべく，「マス広告とSNSに関する新しいコミュニケーションモデルのプロジェクト」（2014年度，電通・吉田秀雄記念財団助成研究）に取り組むことができている．それもこれも，本書を脱稿して執筆に一段落をつけることができたおかげである．木戸教授には感謝である．

　本書の全体の構成について，簡単に補足しておきたい．

　本書は，1970年代の半ばから1990年代前半にかけて，ともに大澤豊門下生だった木戸と小川が，大阪大学経済学部の大澤研究の同僚たち（大阪大学の中島望教授，元東京大学教授の片平秀貴氏，上智大学教授の上條哲男氏など）と一緒に学んできた研究の軌跡を整理した成果でもある．したがって，本書の完成をいちばん喜んでくれるのは，日本のマーケティング研究分野ではやや異色だった「マーケティング・サイエンス派」の研究者を多く育てた故大澤豊教授ではないかと思う．

　全体は，10章から構成されている．記述的なマーケティング論になじみがある読者には，「コトラー流」のマーケティング・マネジメントの基本的な枠組みに対応していることがすぐにわかるだろう．

　第1章では，いまや古典となったハワード＝シェスの「消費行動の基本モデル」の実証からはじまる．第2章と第3章は，ともに広告モデルの解説である．これら2つの章は，執筆者の木戸が得意とする広告コミュニケーションとブランド論の枠組みをベースとしている．第2章は，木戸のドクター論文を反映した内容で，第3章は，木戸が約40年間勤めた職場（（株）ビデオリサーチ，最後は常務取締役）での実務家としての成果を反映している．

　第4～6章までは，新製品やブランドの普及と採用に焦点が当てられている．それぞ

れのフォーカスは，新製品の普及プロセス（第4章），心理的なマクロ・モデル（第5章），商品選択のモデル（第6章）である．

なお，製品の普及理論の研究（第4章）では，大阪大学の中島望教授やニューヨーク市立大学の高田　教授，京都産業大学の山田昌孝教授の貢献が大きかった．また，第6章で紹介されている「コンジョイント分析」では，監修者の小川孔輔（法政大学教授）や片平秀貴氏（元東京大学教授）が，この分野では国際的な研究で活躍してきた．

第7〜9章までは，ダイナミックな消費者行動をシミュレーションとネットワーク・モデルで分析したモデルの紹介になっている．広告への接触と口コミ（第7章），ブランド選択モデル（第8章），ポジショニング・マップ（第9章）の作り方は，そのルーツをあまり議論することがなくなってきている．ビッグデータの時代に，案外とこのような基本的なモデルの整理と理解は役に立つのではないだろうか？

最終章の「買い物行動モデル」は，日本人研究者（関西学院大学名誉教授の中西正雄氏など）が約40年前に大きな成果を残した分野である．ハフ・モデルなどは，GIS（地理情報システム）が普及したいまになっても，実務的も役に立つ枠組みである．

本書が読者対象としている第一のターゲットは，マーケティング・サイエンスの分野で，消費者行動モデルを学ぶ学部生とモデル分析系の仕事をしている院生やビジネスマンである．各章で紹介されているそれぞれのモデルについて，コンピュータのシミュレーション・モデルのソース・コードを，〈附録〉として付加している理由でもある．

最後に，本書を上梓するもうひとつの意味としては，この40年間で進化してきた「マーケティング・サイエンス分野」のモデルを要領よく整理してあるということである．完成したひとつの体系を示すことが本書の目的でもある．

通常の「マーケティング・サイエンス」や「マーケティング・リサーチ」のテキストでは，ここまで丁寧にモデルを記述されてはいない．そのことが，本書の最大の強みである．

小　川　孔　輔

索　引

15 秒換算 GRP　30
5 段階評定尺度法　171
AGFI　31
AIC　7, 14
ALSCAL　138
analogues based approach　48
Bass モデル　45, 46
Beta-Binomial Distribution
　　（BBD）　33
Bettman モデル　133
Bradley-Terry-Luce モデル
　　（BTL）　99
canonical expansion モデル
　　34
CDM　5
CFI　23
city block 距離　165
contagion　49
Declining reach　34
Delphi Method　48
ego-involvement　3
elaboration likelihood model
　　3
Euclidean 距離　165
external influence　46
Generalized Bass Model　48
GIS　149
GPS　149
Gross Domestic Product
　　（GDP）　78
Gross Rating Points　123
GRP　30, 123
　　15 秒換算――　30

guestimates　47
Howard-Sheth モデル　3, 4,
　　133
Huff Model　149
Imp　123
independent third party
　　estimate　48
internal influence　46
Kendall のタウ　97
KISS 原則　117
Krugman　3
MDS　138
Minkowski r-metric　165
Multi-Agent-Based モデル　2
Negative-Binomial Distribution
　　（NBD）　33
NetLogo　122
New Howard モデル　5
nls　63
Pearson の R　97
Perceptual Mapping
　　Techniques　132
RMSEA　23
R スクリプト　63
R & F　33
R & F 推定　33
Scilab　2
SPSS-Conjoint　173
Strong の回帰モデル　112
System Dynamics（SD）モデ
　　ル　2
TV → SAS モデル　31
utility　95

ア　行

赤池情報量規準（AIC）　7, 14
意思決定　1
一般回帰アルゴリズム　95
一般化モデル　48
一般効用理論　90
移動距離　150
イノベーション　46
因果モデル　7, 21
因果ループ　106
因子負荷量　22
因子分析　131
インターパーソナル・コミュニ
　　ケーション　46
インパクト　29

売場効率　161

カ　行

回帰係数　22
外在的な影響　46
解釈的アプローチ　1
外生変数　109
階層的行動モデル　28
外挿変数　60
買い回り品　156
買物出向人口　152
買物出向比率　150, 151
科学的アプローチ　1
革新性　46
革新的採用者　47

加算型コンジョイント分析モデ
　ル　95
価値関数　89
感染力　49
観測変数　22
ガンマ分布　123
「関与」概念　3

既採用者　46
期待吸引人口数　161
キャリブレーション　81
共通因子　22
共分散構造分析　7
距離抵抗パラメータ　150

空間行動モデル　165
空気感染モデル　116
口コミ　46
口コミ伝播モデル　3
口コミ・モデル　117
クラスター分析　172
クリエイティブ要因　21
クロスメディア　29
グローバル測位システム　149

計算アルゴリズム　34
経路　22
限界評価　89
検索回数　30

合計特殊出生率　72
広告計画　33
広告効果　109
広告効果モデル　3, 4
広告コミュニケーション・モデ
　ル　2
広告投下パターン　36, 111
　　初期集中型——　114
　　全期分散型——　114
広告の長期的効果　14
広告媒体接触行動モデル　2
構成概念　21, 22

構成次元　131
行動環境　2
行動観察　1
行動観察調査　169
行動経済学的アプローチ　88
行動原理　2
購入意向順位　171
購買行動　4
購買行動論　3
効用　95
効用関数モデル　128
小売吸引力モデル　2, 4, 149
効率　161
国内総生産　78
「心」のトレンド　70
誤差項　22
コーポレート・ブランディング
　134
コンジョイント分析法　89
コンセプト・カード　97
コンタクト・ポイント　134

サ　行

再現性　2
財政支出　80
最大ユーティリティ・モデル
　99
最適化関数　2
最適化の手法　47
参照価格モデル　4

自我関与　3
時間距離　150
時系列分析型モデル　45
刺激-反応型モデル　5
市場実験　89
市場性　89
市場調査　1
次数　124
指数関数型のモデル　33
指数関数モデル　65
事前評価システム　90

実験計画法　171
実験調査　1
実証的購買意思決定モデル　5
実証モデル　24
シティ・ブロック距離　156,
　165
「シナリオ」シミュレーション
　74
シミュレーション技法　1
「収穫逓減」の法則　33
集合面接調査法　169
修正 BBD 木戸モデル　34
修正 Huff Model　149
修正 New Howard モデル　6
自由度調整済決定係数　37
重要度　90
主観的購入確率　171
主観的効用値　95
順位回帰分析モデル　91
商業集積　150, 151, 157
消費　80
消費者行動研究　1
消費者行動モデル論　3
消費者情報処理プロセス　5
消費者心理傾向　83
商品選択モデル　4
情報共有　28
情報検索　28
情報処理プロセス　2
情報処理ルート　3
初期採用者　46
初期集中型広告投下パターン
　114
所得　80
新規採用者　46, 47, 108
人工社会　2
人口集積　151
人口変動モデル　3
人口問題　71
人口予測モデル　72
新製品の普及過程　106
深層面接調査　169

浸透パターン 48
心理的空間 131
心理的傾向 83
心理的ポジショニング 131
心理変数 71

推移確率 12
水準 90
スケールフリー 124

政策変数 60
正準展開モデル 34
精緻化見込みモデル 3
『成長の限界』 71, 72
製品属性プロフィール 90
接触回数の分布 36
接触レベル 33
説明力 112
全期分散型広告投下パターン 114
線型関数 46
選好回帰分析 135
選好順位 91, 135
選好メカニズム 89
潜在採用者 108
潜在的採用者 46
潜在的市場規模 46
潜在変数 21
選択確率モデル 170

相関関係 31
総効用値 90
総需要 80
総人口数 78
ソーシャル・メディア・ネットワーク 124
損失 88
損失回避性 88

タ 行

対応分析 131
対数尤度 14

態度変容 3
ターゲット・セグメンテーション 95
多次元尺度構成法 131

知覚空間 131
地点間距離 156
長期的予測モデル 14
直交計画 91, 171
地理的情報システム 149

低関与学習 3
抵抗度 150
定常状態 12
デモグラフィックス 171
デルファイ法 48
電気自動車 65
伝統的アプローチ 1
伝播プロセス 116

投資 80
到達率と接触回数 33
動的シミュレーション型モデル 45
トレード・オフ 90

ナ 行

内在的な影響 46

日用品 156
日本人の国民性調査 73
認知レベル 33

ネットワーク構造理論 124

ハ 行

バイアス 48
パス 22
パス解析 6
パス係数 7, 22
発信確率 126

バラエティ・シーキング・モデル 14
反応関数 2
反応関数型モデル 45

非合理性 3
非合理的意思決定 88
非線型回帰関数 63
非線型回帰推定 62
ビデオリサーチ 6
病原菌感染モデル 3
標準化回帰係数 136

フィージビリティ 90
フィードバック・システム 2
フィードバック・ループ 71
フォーカス・グループ・インタビュー 1
普及予測モデル 2
符号条件 7
負の二項分布 33
部分効用値 90
プラグイン・ハイブリッド 65
ブランド価値 21
ブランドの接点 133
ブログ更新件数 30
プロスペクト理論 88
フロー・ダイヤグラム 74
分解 95
分布関数モデル 2

平均重複接触率 36
平均接触率 36
べき乗則 124
ベース・ラン 75
ベータ二項分布 33
ベータ二項分布モデル 120, 122
ベルヌーイ・モデル 14

訪問面接調査法 169

索引

マ 行

マクロ経済モデル　3, 80
マクロ・レベル　70
マーケット・シェア　95
マーケティング課題　93
マーケティング・サイエンス　2
マーケティングの4P　4
マーケティング・モデル　45
マルコフ性　12
マルコフ・プロセス・モデル　14
マルコフ・モデル　12, 14

魅力度　150

メタ分析的　112
面接調査　1

モデル構築　1
モデルの調整　81
モデルの適合度　14
模倣性　46
模倣的採用者　47

ヤ 行

有方向矢印　22
ユークリッド距離　140, 156, 165

予測シミュレーション　172

ラ 行

ラテン方格　171
ランダム・モデル　14

理想ベクトル　135
立地意思決定　149
利得　88
流行・感染モデル　3
理論モデル　24

労働人口　78
ロジット・モデル　99
ローマ・クラブ　71

監修者略歴

小川 孔輔（おがわ こうすけ）
1978年　東京大学大学院経済学研究科博士課程中退
現　在　法政大学大学院イノベーション・マネジメント研究科教授
主　著　『マネジメントテキスト―マーケティング入門』（日本経済新聞出版社）
　　　　『ブランド戦略の実際　第2版』（日経文庫）
　　　　『しまむらとヤオコー：小さな町が生んだ二大小売りチェーン』（小学館）
　　　　『C.S.は女子力が決める』（生産性出版，2014年出版予定）

著者略歴

木戸　茂（きど しげる）
1970年　立命館大学文学部哲学科心理学専攻卒業
1998年　法政大学大学院社会科学研究科経営学専攻博士後期課程修了，経営学博士
1970年　（株）ビデオリサーチ入社，情報開発部長，eマーケティング局長，研究開発局長，取締役マーケットリサーチ事業部長，常務取締役，を経て
現　在　法政大学大学院イノベーション・マネジメント研究科教授
主　著　『広告マネジメント』（朝倉書店）
　　　　『広告効果の科学』監修・著（日本経済新聞出版社）

シリーズ〈マーケティング・エンジニアリング〉3
消費者行動のモデル　　　　　　　　　定価はカバーに表示

2014年7月15日　初版第1刷

　　　　　監修者　小　川　孔　輔
　　　　　著　者　木　戸　　　茂
　　　　　発行者　朝　倉　邦　造
　　　　　発行所　株式会社　朝　倉　書　店
　　　　　　　　　東京都新宿区新小川町6-29
　　　　　　　　　郵便番号　162-8707
　　　　　　　　　電　話　03（3260）0141
　　　　　　　　　FAX　03（3260）0180
　　　　　　　　　http://www.asakura.co.jp

〈検印省略〉

© 2014〈無断複写・転載を禁ず〉　　　　新日本印刷・渡辺製本

ISBN 978-4-254-29503-0　C 3350　　　　Printed in Japan

JCOPY　<（社）出版者著作権管理機構　委託出版物>
本書の無断複写は著作権法上での例外を除き禁じられています．複写される場合は，そのつど事前に，（社）出版者著作権管理機構（電話 03-3513-6969, FAX 03-3513-6979, e-mail: info@jcopy.or.jp）の許諾を得てください．

前首都大 朝野熙彦著
シリーズ〈マーケティング・エンジニアリング〉1
マーケティング・リサーチ工学
29501-6 C3350　　　　A 5 判 192頁 本体3500円

目的に適ったデータを得るために実験計画的に調査を行う手法を解説。〔内容〕リサーチ／調査の企画と準備／データ解析／集計処理／統計的推測／相関係数と中央値／ポジショニング分析／コンジョイント分析／マーケティング・ディシジョン

前首都大 朝野熙彦・法大 山中正彦著
シリーズ〈マーケティング・エンジニアリング〉4
新　製　品　開　発
29504-7 C3350　　　　A 5 判 216頁 本体3500円

企業・事業の戦略と新製品開発との関連を工学的立場から詳述。〔内容〕序章／開発プロセスとME手法／領域の設定／アイデア創出支援手法／計量的評価／コンジョイント・スタディによる製品設計／評価技法／マーケティング計画の作成／他

早大 守口 剛著
シリーズ〈マーケティング・エンジニアリング〉6
プロモーション効果分析
29506-1 C3350　　　　A 5 判 168頁 本体3200円

消費者の購買ならびに販売店の効率を刺激するマーケティング活動の基本的考え方から実際を詳述〔内容〕基本理解／測定の枠組み／データ／手法／利益視点とカテゴリー視点／データマイニング手法を利用した顧客別アプローチ方法の発見／課題

法大 木戸 茂著
シリーズ〈マーケティング・エンジニアリング〉7
広告マネジメント
29507-8 C3350　　　　A 5 判 192頁 本体3500円

効果の測定と効果モデルの構築を具体的な事例を用いながら概説。〔内容〕広告管理指標／広告媒体接触調査／立案システム／最適化問題／到達率推定モデル／ブランド価値形成／短期的効果／長期的成果／ブランド連想と広告評価の因果関係／他

多摩大 岡太彬訓・首都大 木島正明・早大 守口 剛編
経営科学のニューフロンティア 6
マーケティングの数理モデル
27516-2 C3350　　　　A 5 判 280頁 本体5200円

データに基づいた科学的・合理的手法を一挙公開〔内容〕確率分布と性質／次元の縮約とクラスター化／因果関係と構造を把握する統計手法／市場反応分析／最適化問題と非協力ゲーム競争市場構造分析／最適化モデル／競争的マーケティング戦略

東大 阿部 誠・筑波大 近藤文代著
シリーズ〈予測と発見の科学〉3
マーケティングの科学
―POSデータの解析―
12783-6 C3341　　　　A 5 判 216頁 本体3700円

膨大な量のPOSデータから何が得られるのか？マーケティングのための様々な統計手法を解説。〔内容〕POSデータと市場予測／POSデータの分析（クロスセクション／時系列）／スキャンパネルデータの分析（購買モデル／店舗選択）／他

多摩大 岡太彬訓・早大 守口 剛著
シリーズ〈行動計量の科学〉2
マーケティングのデータ分析
12822-2 C3341　　　　A 5 判 168頁 本体2600円

マーケティングデータの分析において重要な10の分析目的を掲げ、方法論と数理、応用例をまとめる。統計の知識をマーケティングに活用するための最初の一冊〔内容〕ポジショニング分析（因子分析）／選択行動（多項ロジットモデル）／他

東北大 照井伸彦・阪大 ウィラワン・ドニ・ダハナ・日大 伴 正隆著
シリーズ〈統計科学のプラクティス〉3
マーケティングの統計分析
12813-0 C3341　　　　A 5 判 200頁 本体3200円

実際に使われる統計モデルを包括的に紹介、かつRによる分析例を掲げた教科書。〔内容〕マネジメントと意思決定モデル／市場機会と市場の分析／競争ポジショニング戦略／基本マーケティング戦略／消費者行動モデル／製品の採用と普及／他

東京成徳大 海保博之監修 上智大 杉本徹雄編
朝倉実践心理学講座 2
マーケティングと広告の心理学
52682-0 C3311　　　　A 5 判 224頁 本体3600円

消費者の心理・行動への知見を理論と実務両方から提示。〔内容〕マーケティング（ブランド／新製品開発／価格等）、広告と広報（効果測定／企業対応等）、消費者分析（ネットクチコミ／ニューロマーケティング等）

東京成徳大 海保博之監修 金沢工大 神宮英夫編
朝倉実践心理学講座 10
感動と商品開発の心理学
52690-5 C3311　　　　A 5 判 208頁 本体3600円

感情や情緒に注目したヒューマン・センタードの商品開発アプローチを紹介。〔内容〕I. 計測（生理機能、脳機能、官能評価）、II. 方法（五感の総合、香り、コンセプト、臨場感、作り手）、III. 事例（食品、化粧、飲料、発想支援）

上記価格（税別）は 2014 年 6 月現在